Wilhelm Brinkmann

Kirche und Humanität

im Kampfe gegen die leibliche und sittliche Noth der Gegenwart

Wilhelm Brinkmann

Kirche und Humanität
im Kampfe gegen die leibliche und sittliche Noth der Gegenwart

ISBN/EAN: 9783743613331

Hergestellt in Europa, USA, Kanada, Australien, Japan

Cover: Foto ©Lupo / pixelio.de

Manufactured and distributed by brebook publishing software (www.brebook.com)

Wilhelm Brinkmann

Kirche und Humanität

Kirche und Humanität

im Kampfe

gegen die leibliche und sittliche Noth

der Gegenwart

von

Dr. W. Brinkmann,
Geheimer Sanitätsrath.

Berlin.
Verlag von Wilhelm Hertz
(Besser'sche Buchhandlung)
1891.

Vorwort.

Durch schwere Beeinträchtigung meiner Gesundheit genöthigt, meinen Wirkungskreis für längere Zeit zu verlassen, habe ich eine Reihe von Gedanken und Erfahrungen, die sich zum Theil in meinem engeren Berufsleben, zum Theil in einer weiteren Thätigkeit für humane Zwecke entwickelt und ausgebildet hatten, zusammengefaßt.

Ich hielt es nicht für überflüssig, einen Gegenstand, wenn auch nur in den Grundzügen, so doch im Zusammenhange zu bearbeiten, der in unserer Zeit immer größeren Einfluß auf das gesammte Leben gewinnt und mit den wichtigsten Fragen der Gegenwart in inniger Verbindung steht. — Wenn diese Abhandlung dazu beitragen sollte, versöhnend auf die Gegensätze unserer Zeit zu wirken, Mißverständnisse zu lösen und den Werken der Liebe neue Kreise zu eröffnen, so würde die Hoffnung erfüllt werden, die mir die Arbeit zu einer Freude machte.

Konstanz, den 14. März 1891.

Brinkmann.

Aller Gegensätze der Meinungen und Parteien ungeachtet geht durch unsere Zeit ein bemerkenswerther Zug der Gemeinschaft, den wir als einen wesentlichen und wichtigen Fortschritt bezeichnen dürfen: das allgemeine Verlangen nach Linderung menschlichen Elends, wo es sich auch finden, welches auch seine Ursache sein möge.

Von allen Seiten verbindet man sich für die Förderung des Menschenwohles.

Staat und Kirche und die allgemeinen Wohlfahrtsbestrebungen der Gegenwart setzen ihre Kräfte ein, um den an allen Orten hervortretenden schweren, materiellen und sittlichen Nothständen zu wehren.

Es darf daher auch nicht auffallen, daß jeder Mann von Erfahrung und Gefühl sich verpflichtet hält, nach Kräften mitzuwirken an der Aufgabe, die dem zur Rüste gehenden 19. Jahrhundert noch zufällt und die man gewöhnlich, wenn auch nur äußerlich, bezeichnet als die Ausgleichung der Gegensätze zwischen Armuth und Reichthum: denn unvermittelt stehen diese sich gegenüber, sind tiefer und einschneidender geworden schon aus dem Grunde, weil sie wie nie vorher in das Bewußtsein eingedrungen und auch hineingetragen sind.

Die nationalökonomischen Fragen, die hier zur Sprache kommen können, liegen dem Zwecke dieser Arbeit völlig fern, um so mehr, als ich mich möglichst auf eigene

Erfahrung beschränken werde und mich ausschließlich auf den Standpunkt eines mit den Humanitätsbestrebungen der Gegenwart und den Anforderungen des Lebens einigermaßen vertrauten Mannes stelle.

Eine besondere Beziehung auf die Mitwirkung des ärztlichen Standes an den Aufgaben der Humanität ist dabei unerläßlich und wird Jedem verständlich sein, der die Bedeutung desselben für die sittliche Hebung und Förderung des Volkes zu würdigen weiß. Führer des Volkes zu sein in allen Werken der öffentlichen Wohlfahrt, das ist eine Aufgabe, die dem ärztlichen Stande in höherem Maße zukommt, als es bis jetzt anerkannt wird.

Bei der Besprechung dieser Fragen habe ich mir nur eine Richtschnur genommen: Wahrheit ohne Rücksicht, aber auch Vermeidung jeder schroffen Beurtheilung. Die Zeit ist so ernst, daß es unrecht wäre, irgend einen Umstand zu verhüllen, der von Bedeutung sein könnte, aber ebenso unrecht, Gegensätze zu verschärfen, anstatt sie zu versöhnen.

Eine Besprechung der Noth der Gegenwart, ihrer Ursachen und der Mittel, sie zu bekämpfen, kann unmöglich einseitig sein. Sie kann den Humanitätsstandpunkt allein nicht geltend machen: sie muß auf die Hülfsbestrebungen von Staat und Kirche eingehen; sie würde auch ihren Zweck verfehlen, wenn sie nicht den tieferen Ursachen der Noth nachforschte und es unterließe, die schwere Schuld und die Verantwortlichkeit der Gesammtheit an dem Elende des Volkes darzulegen, wenn sie nicht versuchen sollte, in den sittlichen und religiösen Kräften, die in unserem Volke schlummern, eine Quelle zu finden, die alle Humanitätsbestrebungen befruchten und durch die Macht der Liebe Gegensätze ausgleichen kann, die unser ganzes Kulturleben zu vernichten drohen.

Um von vornherein die Ausdehnung und den Zweck dieser Arbeit zu kennzeichnen, bemerke ich ausdrücklich, daß es mir nicht darauf ankommt, die so unendlich verschiedenen Zweige der Wohlthätigkeitsanstalten im Einzelnen aufzuführen und in ihrer Bedeutung für das materielle und sittliche Wohl des Volkes zu prüfen: Ich will und muß mich darauf beschränken, die leitenden Gesichtspunkte hervorzuheben, die für alle humanen Leistungen — mögen ihre Wege noch so weit auseinandergehen — das Endziel und den Schluß bilden und bilden müssen: Hebung der Sittlichkeit.

In diesem allerdings vielfach noch idealen Ziele gipfelt die ganze Armen- und Krankenpflege, hier finden sämmtliche Bestrebungen für das Wohl der arbeitenden Klassen, für die Erhöhung der Erwerbsfähigkeit des weiblichen Geschlechtes ihre rechte Bedeutung und ihre wahre Grundlage und wenn besondere sociale Schäden, wie die Trunksucht und die Unkeuschheit, Gegenstand wohlthätigen Wirkens sind, so wird auch hier allein die Erhöhung des sittlichen Gefühls im Volke maßgebend sein.

Im Verlaufe meiner Arbeit werde ich vielfach Gelegenheit haben, auf einzelne besondere Zweige der Humanitätsanstalten einzugehen. Es wird sich dann ergeben, in wie hohem Maße sich die Wohlthätigkeitsbestrebungen in den letzten Jahrzehnten vertieft haben. Nicht mehr zufällig und planlos ist die Hülfe: System, Ordnung, Regel ist in das Wohlthätigkeitswerk gebracht worden. Eine weitgehende Centralisation in Plan und Rath schützt vor Mißbrauch der Humanität und vor der auf diesem Gebiete besonders bedenklichen Konkurrenz, während in der Ausführung der Hülfe die weitgehendste Decentralisation erstrebt wird. Mehr und mehr schwindet in diesem Thun der schädliche Dilettantismus: Männer und Frauen reichen sich die Hand zu ernster Arbeit und erfüllen in stillem Walten eine große Kulturaufgabe; mit Liebe suchen sie die gewaltige Kluft zwischen Armuth und Elend und Reichthum und Wohlleben auszufüllen.

Vielfach steht diese thätige, schaffende Barmherzigkeit noch in ihren Anfängen; aber der Fortgang ist gesichert. Von allen Seiten und in sachverständiger Form werden neue Anregungen gegeben, um die Grundbedingungen eines geordneten Hauswesens für die Armen herzustellen: gesunde Wohnung, Licht und Luft, Reinlichkeit und kräftige Nahrung. Mehr und mehr macht sich auch die Ueberzeugung geltend, daß zunächst den Anforderungen der Gesundheitspflege in dem äußeren Leben der Armen entsprochen werden muß, ehe man daran denken kann, sittlichen und religiösen Grundsätzen Eingang zu verschaffen. Selbst solche Vereine, die sich unmittelbar die Bekämpfung sittlicher Schäden zur Aufgabe machten, haben mit großer Umsicht und Sachkenntniß dieser Ueberzeugung gemäß gehandelt.

In gewisser Beziehung ergänzen sich die verschiedenen Humanitäts-Einrichtungen, greifen in einander über und bilden eine große und in sich einige Gemeinschaft, die zum großen Segen der Sache auch äußerlich verbunden ist in dem deutschen Vereine für Armenpflege und Wohlthätigkeit. Ein Vorbild deutscher Einigkeit auf dem Gebiete der Humanität, zeichnet sich dieser Verein aus durch eine fast akademische Gründlichkeit und Gewissenhaftigkeit in der Behandlung der vorliegenden Fragen. In diesem großen Vereine treffen sich die Vertreter der freien Hülfsbestrebungen mit den Organen der staatlichen und kirchlichen Armenpflege und darin liegt die große Bedeutung desselben: Alle seine Glieder arbeiten in einem Geist und suchen gemeinsam die größte Kulturaufgabe der Gegenwart zu lösen, nicht durch Entwicklung socialer Gesetze, sondern auf dem einfachen Boden der Wohlthätigkeit.

Die schwerste Aufgabe ist, die Nothstände der unteren Klassen in ihren Ursachen zu erkennen und die Wurzeln des sittlichen Elendes auszurotten. Hierzu genügt nicht das flüchtige Mitleid, ebensowenig das bedenkliche Almosen des

Zufalls: hierzu ist ernste, besonnene Arbeit und eine reiche Entfaltung der Menschenliebe nothwendig.

Es giebt viele einsichtsvolle Männer, die den Werth der Wohlthätigkeit für gering achten gegenüber dem Einflusse gesetzlicher Maßregeln und der Ausbildung nationalökonomischer Lehren; es giebt auch solche, die an der Möglichkeit einer Hülfe überhaupt verzweifeln, gegenüber den immer schroffer hervortretenden socialen Gegensätzen. Sehr mit Unrecht: möge die Gesetzgebung, möge die Wissenschaft sich bemühen, dieses Mißverhältniß zu heben, und wer sollte das nicht wünschen? Die Pionier-Arbeit der Liebe darf doch niemals fehlen und was würde aus der Welt geworden sein, wenn sie nicht zu allen Zeiten Hungrige gespeist, Durstige getränkt, Fremde beherbergt, Nackende bekleidet, Kranke gepflegt und Gefangene besucht hätte? Was kann aber die Wissenschaft der National-Oekonomie leisten in dem Wettkampfe aller Nationen um äußere Güter, Macht und Ansehen! Kommt nicht in dem Leben der Völker ein höherer Grad der Sittlichkeit zur Geltung, die den rücksichtslosen und nur auf lukrativen Erwerb abzielenden Egoismus brandmarkt, ist es nicht möglich, die nationalökonomischen Gesetze in Einklang zu bringen mit den Gesetzen der sittlichen Weltordnung, so wird die Welt wohl noch weiter auf Liebe angewiesen sein, bis wieder eine Zeit der Prüfung kommt. Dann wird es sich zeigen, welches Volk sich das höhere Maß der Sittlichkeit bewahrt hat: denn diese allein wird über das Schicksal der Nationen entscheiden, nicht der Reichthum und die Klugheit des Einzelnen, nicht der Fortschritt der Kultur in Kunst und Wissenschaft, nicht der elektrische Funke noch alle Erfindungen menschlichen Scharfsinnes.

Diese sittlichen Kräfte der Nation in ihren unteren Schichten wieder zu beleben und zu erhalten, das ist die höhere ideale Aufgabe der Wohlthätigkeit und in dieser darf sie nicht müde werden und nicht nachlassen.

In welchem Maße aber die sittlichen Güter unserem Volke verloren gegangen sind, darüber steht mir kein Urtheil zu: Es ist das auch eine Frage, die im einzelnen schwer zu beantworten ist. So viel steht wohl fest, daß Genußsucht und Eigenliebe auf der einen Seite, Begehrlichkeit, Haß und Neid auf der anderen unsere Gesellschaft durchdringen: Dort eine Ueberschätzung der irdischen Güter ohne Bewußtsein der sittlichen Verantwortung, die mit dem Besitze verbunden ist, hier Unzufriedenheit mit einem Berufe, der vor der Noth schützt, aber Entbehrungen auferlegt, die im Hinblick auf das üppige Leben der Wohlhabenden nur mit Widerwillen und bitteren Gefühlen ertragen werden; dort der Materialismus der Interessen, der sich nicht beeinflussen läßt durch sittliche Motive, der sich stützt auf die Macht des Stärkeren im Kampfe um's Dasein, hier die Herrschaft der Leidenschaften, verbunden mit der Verkommenheit und dem Stumpfsinn, der menschliche Autorität und die göttliche Weltordnung verhöhnt und dem lasterhaften Genusse des Augenblickes anheimfällt.

Was Georg Forster, dieser tiefe Kenner der Natur und des Menschen, vor gerade hundert Jahren aussprach, das Wort hat heute seine besondere Bedeutung: „Die Natur sieht mit traurigen Augen nieder auf bequemen Müßiggang so gut, wie auf überstrengte Arbeit, auf Willkür und Ueberfluß wie auf Noth und Mangel: zur Mäßigung ruft sie; denn wahr sind alle ihre Verhältnisse und ruhig alle ihre Wirkungen."

Am schmerzlichsten wird von jedem Menschenfreunde empfunden, daß den unteren Volksklassen im Großen das Vertrauen fehlt. Es ist unbegreiflich, daß unser deutscher Arbeiterstand nicht volles Zutrauen faßt zum Kaiser, zum Staat, zu den vielen vortrefflichen Männern, die all' ihr Denken und Thun in ihren Dienst stellen.

Schon unser hochseliger Kaiser Wilhelm I. hat in seiner schönen Botschaft vom 17. November 1881 deutlich ausgesprochen, daß die unteren Klassen Anspruch hätten auf die Hülfe des Staates; unser Kaiser Wilhelm II. hat wiederholt bewiesen, in welchem Maße ihm das Wohl der Arbeiter am Herzen liegt. In seiner Botschaft vom 4. Februar 1890 betont unser Kaiser die Nothwendigkeit internationaler Regelung des Arbeiterschutzes und weist seine Regierung schon die fruchtbarsten Anregungen für das Wohl des Arbeiterstandes auf. Bei unserem Kaiser ist wahrlich das geschichtliche Urtheil berechtigt, welches von Treitschke*) ausspricht: „Der treuen Sorgfalt für das Wohl der Massen, nicht dem Glanze des Kriegsruhms danken die Hohenzollern das in aller Noth und Versuchung unerschütterliche Vertrauen des Volkes zu der Krone."

Mit Vorliebe nimmt sich der Staat der gesellschaftlich Schwächeren an, so weit es mit dem allgemeinen Staatswohle vereinbar ist: die Kranken=, Unfall= und Invaliden=Versicherung, das Gesetz über den Arbeiterschutz, sind Denkmale staatlicher Humanität, wie sie kein Volk zu keiner Zeit seiner Geschichte aufzuweisen hat. Die Arbeitsversicherung, das heißt: Versicherung gegen unverschuldete Arbeitslosigkeit, steht noch in dem Rahmen der staatlichen Humanität aus.

Die Fürsorge der Arbeitgeber für ihre Arbeiter nimmt von Jahr zu Jahr festere Formen an: die früher vereinzelten Bestrebungen für das Wohl der Arbeiter werden allgemeiner und suchen in jeder Beziehung die materiellen und sittlichen Lebensbedingungen dieses Standes zu heben.

Das schöne Buch von Professor Julius Post**) „Musterstätten persönlicher Fürsorge der Arbeitgeber für ihre Arbeiter hat nach dieser Richtung einen außerordentlich belebenden Einfluß ausgeübt und beweist, wie wohlthätig in schweren Zeiten planmäßige Hülfe ist, wenn sie auch nur einen kleinen Kreis beglückt.

---

*) Deutsche Geschichte, Band 1, Seite 45.
**) Berlin 1890, bei Oppenheim.

Ich möchte hier auch beherzigenswerthe Worte anführen, welche der um das Wohl der arbeitenden Klassen hochverdiente Herr Fritz Kalle an die Jahresversammlung des Vereins „Concordia" richtete: „Innerhalb des Bereichs der socialen Aufgaben ist überhaupt vielfach das unscheinbare, geräuschlose Wirken an Hunderten von einzelnen Punkten, das dem blöden Auge ganz entgeht, das werthvollste und folgenreichste. Wenn auf Anregung unseres Vereins hier ein Fabrikant sich entschließt, eine Sparkasse, dort ein Anderer, eine Pensionskasse einzurichten, ein Dritter, für bessere Wohnungen Sorge zu tragen u. s. w., so sind das ja lauter Dinge, die im Lärm des Tages kaum beachtet werden und von denen keines — für sich allein betrachtet — eine merkliche Wirkung auf die Gesammtzustände ausübt, ebensowenig wie ein Baustein ein Haus oder ein Haus eine Stadt macht. Aber wenn nun solche Fürsorge eine immer ausgebreitetere und allseitigere wird und hierdurch die bisherige Kluft der Gleichgültigkeit oder sogar Feindschaft zwischen den lohnarbeitenden und den bürgerlichen Klassen sich immer mehr vermindert, immer zahlreichere wirthschaftliche und sittlich=geistige Annäherungen und Verknüpfungen sich herstellen: so wird eines Tages, ohne daß man von der sich vollziehenden glücklichen Veränderung etwas gewahr geworden, die ganze Gestalt des Verhältnisses zwischen Beiden eine andere, Friede und Eintracht in unserer industriellen Gesellschaft wieder zur Herrschaft gelangt sein."

Auf diese schönen Worte des Herrn Kalle paßt wohl der alte Wahrspruch »Concordia et parvae res crescunt.«

Wo der Arbeiter intellektueller Theilnehmer an der Arbeit ist, wo er nicht nur als Maschine gebraucht wird, ja, wo man auch nur auf seinen Rath in seinem Wirkungskreise hört, da ist schon ein wesentlicher Fortschritt zum Verständnisse angebahnt. In dieser Beziehung haben die Einrichtungen von Arbeiter=Vertretungen in den Fabriken und die An=

regungen des um die Arbeiterfrage so verdienten Abgeordneten Oechelhäuser die größte Bedeutung, — Anregungen, die auch in dem Kaiserlichen Erlaß vom 4. Februar 1890 zum Ausdruck kommen — wenn auch die hier in Aussicht gestellten „gesetzlichen Bestimmungen über die Formen, in denen die Arbeiter durch Vertreter an der Regelung gemeinsamer Angelegenheiten betheiligt werden," nur zum Theil den sittlichen Werth besitzen können, den Einrichtungen aus gegenseitigem Vertrauen für sich in Anspruch nehmen dürfen —.

Man muß in der Seele der Arbeiter lesen können und ihrem Ehrgefühle die Genugthuung geben, die menschlich und menschenwürdig ist; gerade auf diesem Gebiete — ich möchte es die psychische Seite der Arbeiterfrage nennen — sind noch Erfolge zu erwarten.

So viel ist zweifellos: **Jede Hebung der Selbstachtung des Arbeiters hat eine nachhaltigere und tiefere Bedeutung, als sie äußere Maßregeln ausüben können.**

Große Vereine bemühen sich mit fast wissenschaftlichem Ernste um das Wohl der Arbeiter und ihrer Familien. So widmeten im Laufe des letzten Jahres drei große Vereinigungen: der deutsche Verein für öffentliche Gesundheitspflege, der Verein für Socialpolitik und der deutsche Verein für Wohlthätigkeit und Armenpflege ihre ganze Kraft und ihr hervorragendes Verständniß der Verbesserung der Arbeiterwohnungen. Hier ist auch der Centralverein für das Wohl der arbeitenden Klassen anzuführen, der durch Wort und Schrift die Arbeitersache fördert und den Sammelpunkt für alle geistigen Bestrebungen auf diesem Gebiete darstellt.

Tausende von kirchlichen und freien Vereinigungen und Wohlthätigkeitsanstalten geben sich der Kindererziehung, der Krankenpflege in weitestem Sinne, der Bildung und sittlichen Hebung des Arbeiterstandes hin.

Und doch kein Vertrauen, kein Entgegenkommen! Starr und unnahbar halten die Arbeiter fest an Lehren und Einflüssen einer Partei, die dem Staatswohle, der Religion, ja unserer ganzen Kulturentwicklung verderblich sind; es offenbart sich selbst in diesen Verhältnissen noch die Macht der deutschen Treue. Ist denn aber die Treue, dieser Grundzug im deutschen Charakter, der unserer ganzen Geschichte den Stempel aufdrückt, ist denn die Treue, die sich auch dem Unrechte verpflichtet hält, ist denn das starre Festhalten an Grundsätzen, die vom Gewissen verurtheilt werden müssen, noch eine Tugend?

Wunderbar ist doch die deutsche Volksseele: auf und ab machen sich die guten und die bedenklichen Seiten derselben geltend; es ist, als ob in unserem Volksgeiste immer nur die eine Seite mächtig angeregt würde, während die andere schlummert, bis dort durch Ueberreizung, hier durch anhaltende Ruhe sich wieder Gegenströmungen geltend machen. Es muß sich wohl eine Naturbedingung der sittlichen Weltordnung in diesem Wechsel offenbaren und in der That weist die Geschichte auf einen solchen Vorgang hin.

Wie kommt es denn, daß gerade in Deutschland, wo die Schule und eine auf Pflichtgefühl, Gehorsam und strenger Zucht begründete militärische Ausbildung das ganze Volk auf eine höhere Stufe sittlicher Bildung hätte heben sollen, so herzlose, kalte, berechnende Grundsätze Eingang finden konnten?

Sind denn das dieselben Männer, die vor noch nicht einem Menschenalter durch ihren Heldenmuth, ihr Gottvertrauen und fast noch mehr durch ihre Gesittung, durch ihr edles, menschliches Betragen gegen den Feind die Welt in Staunen versetzten? Damals von den höchsten Idealen: Gott, Vaterland, Ehre und Mannesmuth in ihrem Innern bewegt, sind sie jetzt so weit gekommen, daß sie die Liebe, die ihnen entgegengetragen wird, nicht begreifen und fassen können, daß sie sich von Einflüssen hinreißen lassen, die dem deutschen Charakter so wenig entsprechen!

Es muß ihnen aber gesagt werden: ergreifen sie die Hand der Liebe nicht, die ihnen von allen Seiten gereicht wird, überlassen sie sich ferner einem verderblichen Fatalismus, lassen sie sich blenden von einem trügerischen Glanze der Zukunft, so kann ihnen auch die weitgehendste Wohlthätigkeit nicht helfen: Ohne eigene sittliche Energie, ohne Pflichtgefühl und eigene Anstrengung würde durch eine zu weit gehende Wohlthätigkeit die Selbsthülfe und Arbeitslust erschlaffen, die edelsten Anregungen des menschlichen Lebens: das Selbstgefühl und die Selbstachtung, würden schwinden und damit jede Rettung unmöglich werden.

Mögen die Arbeiter auf gesetzlichem Wege in jeder Weise eine Verbesserung ihrer Lage zu erreichen suchen, mögen sie versichert sein, daß Kaiser und Staat, daß der edelste Theil des Volkes für sie denkt und arbeitet; mögen sie aber sich hüten, noch weiter ihre Vorstellungen auf Ideen zu richten, deren Erfüllung sie selbst mit allem Bestehenden zu Grunde richten würde!

Es ist kein Ruhm für die deutsche Bildung, daß gerade bei uns Gedanken groß gezogen wurden, die der sittlichen Freiheit und Selbstverantwortlichkeit jedes Einzelnen widersprechen, die Thatkraft lähmen und die geistige Energie der Arbeiter erschüttern, die sie hindern, an ihrer wirthschaftlichen Reform selbst mitzuwirken.

Aber nun und nimmer dürfen wir die Hoffnung aufgeben, keine Anstrengungen dürfen wir scheuen, unserem Arbeiterstande zu Hülfe zu kommen.

Mögen bereinst umfassende Geister die Ursachen der gegenwärtigen Noth ergründen: Eins dürfen sie nicht außer Acht lassen: Staat und Kirche und der gesammte gebildete Theil des Volkes haben dem Arbeiter nicht zur Seite gestanden, seiner

Entwicklung nicht die nöthige Beachtung geschenkt, ihn nicht geschützt gegen den allgemeinen Geist des Unglaubens, der Genußsucht, gegen die kalte und herzlose, alle Ideale vernichtende Jagd nach irdischen Gütern, nach Einfluß und gegen den Materialismus und die Selbstsucht, die sich in den breiten Schichten der mittleren und höheren Klassen geltend machte.

Weder der Staat noch irgend eine religiöse oder politische Richtung nahm sich zur rechten Zeit der begründeten Klagen des Arbeiterstandes an und so wurde dieser in die Arme einer Partei getrieben, die mit der ethischen und allgemein anerkannten Grundlage der eigentlichen Arbeiterfrage ihre eigenen utopischen Tendenzen zu vereinigen wußte, die so den ganzen Arbeiterstand bewußt oder unbewußt zur Nachfolge zwang und das Selbstgefühl des Arbeiters bis ins Krankhafte steigerte.

Es ist ja ein großer Fortschritt in unseren gesellschaftlichen Anschauungen, daß die **Arbeit** so hoch gewürdigt wird, daß sie der Grund- und Eckstein, der Maßstab für das ganze sittliche Leben geworden ist. „Alle wirkliche Arbeit ist heilig", sagt Carlyle, „in aller wirklichen Arbeit, wäre sie auch nur wirkliche Handarbeit, ist etwas Göttliches." Achtung vor der Arbeit ist eine der erfreulichsten Signaturen der Gegenwart: Arbeit ist die wahre Gesundheit der Seele, die Hoffnung und der Trost derer, die da leiden müssen in Erwartung besserer Zeiten. Abzuwägen, welche Arbeit den größten Werth hat, ist eine schwierige Aufgabe, die der vortreffliche Statistiker Engel in einer bemerkenswerthen Schrift*): „Preis der Arbeit" zu lösen versucht hat.

Selbstverständlich kann ich auf diese Fragen nicht eingehen, aber gegenüber den mehr und mehr hervortretenden Ansprüchen auf Anerkennung der körperlichen Arbeit muß ich doch hervorheben, daß dem Schweiße des Angesichtes — so

---

*) S. Virchow und von Holtzendorff, Sammlung gemeinverständlicher wissenschaftlicher Vorträge. Serie I, Heft 20. 21.

ehrenvoll er ist — die Sorgen und Mühen und die schlaflosen Nächte des geistigen Arbeiters doch wenigstens die Waagschale halten, ganz zu schweigen von den Leistungen des Herzens, die in dieser Welt ja gar nicht ihren Lohn suchen noch finden. Es ist eine Selbstüberschätzung der rohen physischen Kraft, die unseren Arbeitern eingeimpft wurde, eine Selbstüberschätzung, die nicht nur an sich verderblich ist, sondern auch vielfach das Streben des Arbeiters nach Vervollkommnung hemmt und damit eine wesentliche Ursache seines wirthschaftlichen Nothstandes wird. Es ist auch eine völlig zeitgemäße Frage, wer berechtigt ist, Arbeiter zu heißen. Wer nicht einmal im Stande ist, irgend ein Werkzeug, sei es auch nur eine Schaufel, eine Hacke, richtig zu gebrauchen, der ist an die Grenze gekommen, die den Arbeiter vom Proletarier scheidet. Möge der Arbeiter bedenken, daß mit seiner Geschicklichkeit auch sein Werth steigt!

Wie hoch die Arbeit geschätzt wird, das geht aus der Fürsorge des Staates für die Erhaltung der Arbeitskraft und — was damit fast gleichbedeutend ist — für die Gesundheit der Arbeiter hervor. Das Arbeiterschutzgesetz ist eine wichtige Ergänzung derjenigen Maßregeln, die von einsichtigen Arbeitgebern vielfach schon längst getroffen waren. Daß bei Bemessung der Arbeitszeit, wie bei allen Bestimmungen, die die Gesundheitspflege der Arbeiter angehen, dem ärztlichen Urtheile ein größerer Einfluß zugestanden werden muß, ist unabweisbares Bedürfniß. Die Diätetik der Arbeit im weitesten Sinne des Wortes verlangt eine genaue Kenntniß der Lebensbedingungen der Arbeiterfamilien und eine scharfe Individualisirung: Allgemeine Maßregeln und Vorschriften schaden hier und es ist bezeichnend für das mangelhafte Verständniß der ethischen und wirthschaftlichen Grundlagen der Arbeit, wenn von Seiten der Arbeiterführer ein sogenannter Normalarbeitstag in Aussicht genommen wurde.

Ich will hier sogleich die Bestrebungen kennzeichnen, die sich in der neuesten Zeit geltend gemacht haben, um planmäßig die Arbeit zu veredeln, der rohen Arbeit durch Geschicklichkeit einen höheren Werth zu verleihen. Es soll schon in der Schule durch einen der kindlichen Kraft angemessenen Handfertigkeitsunterricht der Trieb, mit der Hand zu schaffen, methodisch ausgebildet werden. Diesem durch und durch gesunden Bestreben dienen bereits Hunderte von Vereinen, Dank den Bemühungen von Männern, wie Götze und von Schenckendorf. Ein eigenes Vereinsblatt und die Bildungsanstalt für Lehrer in diesem Fache zu Leipzig sichern dem segensreichen Unternehmen den für die Vereblung der Arbeit so sehr erwünschten Erfolg.

Was in dieser Beziehung noch sonst in Deutschland geschieht durch Arbeiterbildungsvereine, Fortbildungsschulen u. dergl. beweist, welche Bedeutung man der tüchtigen Arbeit beilegt.

Es liegt in diesen Bestrebungen eine tiefere ethische Bedeutung: Jeder Arbeiter macht im Grunde dieselben Ansprüche, unabhängig von seinen Leistungen. Das ist falsch: Wer nicht durch eigene Anstrengung den Werth seiner Arbeit nach Möglichkeit steigert, wer sich gleichgültig verhält gegen die Güte seiner Leistung, der begiebt sich der Theilnahme, welche der rechten Arbeit gebührt und verfällt dem Untergange. Wer nicht bei der Arbeit seine ganze sittliche Kraft einsetzt, weiß den Segen derselben nicht zu schätzen; denn der Fluch des alten Testaments: „Im Schweiße deines Angesichtes sollst du dein Brot essen" ist doch der größte Segen für die Menschheit geworden.

Was am meisten zu beklagen ist, das ist der Verlust des religiösen und sittlichen Gefühls im Volke. Beide, sittliches Gefühl und Religion, sind gewiß im Keime in der Menschenseele vorhanden, aber zur Entwicklung und Bethätigung kommen sie erst durch das Leben und zweifellos ist für die Ausbildung des sittlichen Gefühls die Umgebung, das Beispiel, die Form der Lebensbedingungen von hervorragendster Wichtigkeit. Die erste und unmittelbarste Entwicklung der sittlichen Gefühle geht von der Familie aus, von dem Zusammenleben der Eltern und Kinder, von den Menschen, die in der Familie verkehren, später von der Persönlichkeit des Lehrers, des Arztes, des Predigers, noch später von dem Einflusse des Arbeitgebers, des Meisters, der Mitarbeiter; zugleich gewinnen die Bilder des Lebens, wie sie sich in Wirklichkeit darstellen, oder in Büchern, in Wort und Rede geschildert werden, mehr und mehr Bedeutung.

Ohne auf diese Entwicklung des Gefühls im Einzelnen einzugehen, müssen wir anerkennen, daß die ganze Summe der Lebensbedingungen den sittlichen Charakter bestimmt. Ebenso haben die äußeren Formen: Anstand, Höflichkeit, Zuvorkommenheit, Reinlichkeit, Ordnung — Formen, die man unter dem Begriffe der Sitte zusammenfaßt — einen sehr hoch anzuschlagenden erzieherischen Werth, der durch Beispiel und Gewohnheit befestigt wird.

Fast unwiderbringlich geschwunden sind unserem Volke die früher so tief ausgeprägten Gefühle der Anhänglichkeit, Dankbarkeit, der Pietät und Ehrfurcht, überhaupt alle diejenigen sittlichen Beziehungen, die aus den alten patriarchalischen Dienst- und Arbeitsverhältnissen hervorgingen. Das Gefühlsleben ist ja abhängig von den gesellschaftlichen Lebensformen, den äußeren und inneren Vorgängen, die auf die Seele einwirken: diese geben auch den Maßstab für sittliche Begriffe ab.

Glücklich der Mensch, dem in seiner Umgebung, in seiner Familie und in weiteren Kreisen Wohlwollen, Liebe, Wahrhaftigkeit und alle die Tugenden täglich und stündlich entgegentreten, die den Werth des Lebens bestimmen: hier liegt die

Ich will hier sogleich die Bestrebungen kennzeichnen, die sich in der neuesten Zeit geltend gemacht haben, um planmäßig die Arbeit zu veredeln, der rohen Arbeit durch Geschicklichkeit einen höheren Werth zu verleihen. Es soll schon in der Schule durch einen der kindlichen Kraft angemessenen Handfertigkeitsunterricht der Trieb, mit der Hand zu schaffen, methodisch ausgebildet werden. Diesem durch und durch gesunden Bestreben dienen bereits Hunderte von Vereinen, Dank den Bemühungen von Männern, wie Götze und von Schenckendorf. Ein eigenes Vereinsblatt und die Bildungsanstalt für Lehrer in diesem Fache zu Leipzig sichern dem segensreichen Unternehmen den für die Veredlung der Arbeit so sehr erwünschten Erfolg.

Was in dieser Beziehung noch sonst in Deutschland geschieht durch Arbeiterbildungsvereine, Fortbildungsschulen u. dergl. beweist, welche Bedeutung man der tüchtigen Arbeit beilegt.

Es liegt in diesen Bestrebungen eine tiefere ethische Bedeutung: Jeder Arbeiter macht im Grunde dieselben Ansprüche, unabhängig von seinen Leistungen. Das ist falsch: Wer nicht durch eigene Anstrengung den Werth seiner Arbeit nach Möglichkeit steigert, wer sich gleichgültig verhält gegen die Güte seiner Leistung, der begiebt sich der Theilnahme, welche der rechten Arbeit gebührt und verfällt dem Untergange. Wer nicht bei der Arbeit seine ganze sittliche Kraft einsetzt, weiß den Segen derselben nicht zu schätzen; denn der Fluch des alten Testaments: „Im Schweiße deines Angesichtes sollst du dein Brot essen" ist doch der größte Segen für die Menschheit geworden.

Was am meisten zu beklagen ist, das ist der Verlust des religiösen und sittlichen Gefühls im Volke. Beide, sittliches Gefühl und Religion, sind gewiß im Keime in der Menschenseele vorhanden, aber zur Entwicklung und Bethätigung kommen sie erst durch das Leben und zweifellos ist für die Ausbildung des sittlichen Gefühls die Umgebung, das Beispiel, die Form der Lebensbedingungen von hervorragendster Wichtigkeit. Die erste und unmittelbarste Entwicklung der sittlichen Gefühle geht von der Familie aus, von dem Zusammenleben der Eltern und Kinder, von den Menschen, die in der Familie verkehren, später von der Persönlichkeit des Lehrers, des Arztes, des Predigers, noch später von dem Einflusse des Arbeitgebers, des Meisters, der Mitarbeiter; zugleich gewinnen die Bilder des Lebens, wie sie sich in Wirklichkeit darstellen, oder in Büchern, in Wort und Rede geschildert werden, mehr und mehr Bedeutung.

Ohne auf diese Entwicklung des Gefühls im Einzelnen einzugehen, müssen wir anerkennen, daß die ganze Summe der Lebensbedingungen den sittlichen Charakter bestimmt. Ebenso haben die äußeren Formen: Anstand, Höflichkeit, Zuvorkommenheit, Reinlichkeit, Ordnung — Formen, die man unter dem Begriffe der Sitte zusammenfaßt — einen sehr hoch anzuschlagenden erzieherischen Werth, der durch Beispiel und Gewohnheit befestigt wird.

Fast unwiderbringlich geschwunden sind unserem Volke die früher so tief ausgeprägten Gefühle der Anhänglichkeit, Dankbarkeit, der Pietät und Ehrfurcht, überhaupt alle diejenigen sittlichen Beziehungen, die aus den alten patriarchalischen Dienst- und Arbeitsverhältnissen hervorgingen. Das Gefühlsleben ist ja abhängig von den gesellschaftlichen Lebensformen, den äußeren und inneren Vorgängen, die auf die Seele einwirken: diese geben auch den Maßstab für sittliche Begriffe ab.

Glücklich der Mensch, dem in seiner Umgebung, in seiner Familie und in weiteren Kreisen Wohlwollen, Liebe, Wahrhaftigkeit und alle die Tugenden täglich und stündlich entgegentreten, die den Werth des Lebens bestimmen: hier liegt die große sittliche Bedeutung der Familie, der Schule, der Gemeinde; hier macht sich der Einfluß einer sittlichen Persönlichkeit, wessen Standes sie auch sei, geltend. Wohl dem Menschen, in dessen Jugendleben Männer und Frauen eingreifen, denen er vertrauen, die er ehren und lieben, an die er glauben kann — Naturen, in deren Nähe er sich unwillkürlich gehoben und besser fühlt, in deren Gegenwart er sich schämt, etwas Unedles zu thun oder nur zu denken —.

Wenn wir so die Bedingungen für die Entwicklung der Sittlichkeit auffassen müssen, wenn wir bedenken, wie selten dieselben in der Erziehung der unteren Stände zur Geltung kommen können, ja, wie ganz entgegengesetzte Einwirkungen stattfinden, so müssen wir trauern über Verhältnisse, die verschulden, daß die edelsten Keime der Menschlichkeit nicht zur Entwicklung kommen. Am wenigsten haben wir Veranlassung, über die thatsächlich hervortretende Sittenlosigkeit der unteren Stände den Stab zu brechen. Jeder fasse in seine eigene Brust und frage sich, was er gethan hat, um Seelen zu retten, die vielfach ohne Verschulden zu Grunde gehen und immer weitere Opfer nach sich ziehen. Ernst und besonnen müssen wir hier die ineinandergreifenden materiellen und sittlichen Nothstände prüfen, um unsere Aufgabe zu erkennen und mit Erfolg helfen zu können.

Mit der Sittlichkeit des Volkes steht das religiöse Gefühl im innigsten Zusammenhange und es kann wohl nicht daran gezweifelt werden, daß im Allgemeinen das sittliche Leben auf die Dauer nur durch religiöse Motive erhalten werden kann.

Das religiöse Gefühl ist in großen Kreisen unseres Volkes fast erloschen: öde und kalt ist das Herz; Glaube, Liebe, Hoffnung sind geschwunden; zurückgewiesen wird der Trost der Religion, verhöhnt und verspottet die ewige Gerechtigkeit, die Macht der Vorsehung und die sittliche Weltordnung.

So weit ist es gekommen und wir stehen nun da wie vor einem ausgerodeten Walde, in dem erst das Reis wieder angepflanzt werden soll. Ich will nicht darnach fragen, ob es so weit hätte kommen dürfen; es ist leichter, Irrthümer aufzudecken, als die Wahrheit zu erforschen.

In einer Welt, in der Ehrfurcht und Demuth seltene Tugenden sind, in der die Selbstlosigkeit verdrängt wird von der Ueberzeugung des eigenen Werthes, in der die Persönlichkeit sich rücksichtslos geltend macht, ist im Allgemeinen für religiöse Gefühle kein Raum. Diese können ihre Keime nur entwickeln, wo auf der einen Seite Ehrfurcht vor dem Unendlichen, Unbegreiflichen und Hohen, auf der anderen das Bewußtsein eigener Ohnmacht, eigener Unzulänglichkeit und völliger Abhängigkeit vorhanden ist; auch ist ihre Entwicklung nur möglich bei einem Leben, welches einen, wenn auch noch so bescheidenen, sittlichen Zweck verfolgt.

Einen fruchtbaren Boden für ihre Entwicklung und Belebung finden die religiösen Gefühle im **Christenthum**.

Wunderbar und merkwürdig ist das Erscheinen des Menschensohnes, sein Leben und Wirken, sein Leiden und Sterben. Die schlichte Größe dieser Erscheinung wird wohl der menschlichen Forschung niemals ganz zugänglich und begreiflich werden; auch darf der gewaltige Geist der Liebe, der das Christenthum durchdringt, nicht abgeschwächt werden durch menschliche Bedenken; hier gilt das Wort der Schrift: „der Buchstabe tödtet, aber der Geist macht lebendig," der Geist der Liebe, der Aufopferung bis zum Tode. Die christliche Religion muß ihre heiligende Macht frei entfalten, unbeirrt von allen Zweifeln und dogmatischen Einflüssen; fest und treu müssen wir uns an die Worte, an die Lehren des Heilandes selbst, an sein Vorbild halten. Nur in dem frommen, einfachen Glauben, nicht in den unbegreiflichen, verwirrenden Erklärungen und Deutungen einer späteren Zeit liegt das reine Christenthum.

Es ist nicht mein Beruf, hier den gewaltigen kulturgeschichtlichen Einfluß des Christenthums zu schildern; doch so viel darf ich sagen: Das Christenthum ist nicht nur und nicht sowohl Lehre, sondern es ist Leben, nicht nur Gefühl, sondern eine Kraft, die das ganze Sein des Menschen mit Liebe durchdringt, den Willen zum guten Handeln bestimmt, zur inneren Freiheit und Wahrheit führt und das Herz zur Aufnahme von Idealen befähigt. Diese große Menschenliebe, die erst durch das Christenthum das **Wesen unserer Weltordnung** geworden ist, bestimmt auch unsere Aufgabe bei der sittlichen Noth unseres Volkes.

Wer an das Volk sich wendet ohne Liebe, ohne demüthige, aufopfernde Liebe, wer ohne Weiteres Glauben verlangt, wer nur mit der **Lehre** des Christenthums, mit Worten gegen die Unsittlichkeit kämpft, der bietet ihm Steine an Stelle des Brotes. Nur derjenige, der mit eigener Entsagung seinen Mitmenschen dient, wird Vertrauen finden. Das Evangelium der Liebe, ausgelegt im Geiste und in der Wahrheit, nicht im Sinne des Gesetzes und nach dem Buchstaben, wird uns erretten und die Kluft ausfüllen, die Menschenwerk und Klugheit nicht überbrücken können; aber mit der ganzen inneren Kraft im Handeln und Denken, mit unserem Wissen und Sein müssen wir hier eintreten: mit Hand und Herz müssen wir dahin streben, daß das Volk überhaupt wieder Ideale in sich aufnehmen lernt; andere Lebensformen müssen erst für den Arbeiter geschaffen werden, die ihm die Möglichkeit gewähren, edlere Empfindungen auf sich wirken zu lassen: er muß erst wieder hoffen, lieben, erst eine Welt der Gerechtigkeit kennen lernen, in der das Gute siegt, das Böse unterliegt.

Es ist eine schwere Aufgabe, verlorenes, untergegangenes Gefühl wieder zu erwecken: **Werke der Liebe**, nicht Worte sind dazu erforderlich. Wenn der Arme sich erst wieder erbauen kann an den Werken der Schöpfung, frei athmen in

Gottes Natur, mitempfinden die unschuldigen Freuden des Lebens, dann, aber erst dann wird er sich erheben können zu dem Höchsten, zu dem Unendlichen und Ewigen. Auf dem öden Boden der Noth und Verkommenheit können Ideale, kann Sittlichkeit und religiöses Gefühl nicht gedeihen und nicht oft mehr findet man in unserer Zeit jene stillen, frommen Gemüther, die auch in der Noth und im Kummer unter dem Drucke des Lebens ihren Geist nach Oben richten: jene schönen Seelen, die vom Heiland besonders selig gepriesen werden.

Bestreben wir uns, das, was in unserem Volke seit Jahrhunderten als der köstlichste Schatz ruhte, den frommen, gottesfürchtigen Sinn, wieder zu gewinnen, wieder anzufachen jene heilige Flamme, die zu schweren Zeiten gewaltig auflöderte und auch diejenigen ergriff, die sonst ferne standen; jene feste Zuversicht, die in Zeiten der Bedrückung und Schande dem deutschen Volke Geduld in Trübsal, aber auch Muth, Kraft und Ausdauer verlieh und zu den höchsten Leistungen für die edelsten Güter des Menschen befähigte. Die Geschichte des ablaufenden Jahrhunderts legt Zeugniß ab von der religiösen Erhebung zur Zeit der Freiheitskriege und wer von den Zeitgenossen erinnert sich nicht an den großen religiösen Zug im ganzen Volke, der die schweren Tage im Beginn der letzten Kriege auch innerlich kennzeichnete!

Bewußt oder unbewußt tragen wir den Keim der Religion in uns und entwickeln ihn zu einem mehr oder weniger vollen Ausdrucke unserer Gefühle und zur Richtschnur unseres Handelns; das Verhältniß des Menschen zur Religion bestimmt sein inneres Wesen und Sein und bildet die Grundlage für seine idealen Vorstellungen von der sittlichen Weltordnung, von Gott und Unsterblichkeit.

Wie weit die religiösen Gefühle das ganze sittliche Leben des Einzelnen beeinflussen und bestimmen, ist von Einwirkungen abhängig, die hier nicht besprochen werden können, die zum großen Theile auch gar nicht in der Macht und in dem Willen des Einzelnen liegen, sondern abhängig sind von natürlicher Anlage, Erziehung, Beruf, Lebenserfahrungen und inneren Kämpfen.

Mögen Diejenigen, die im leeren Treiben der Welt, in dem Jagen nach Gewinn, nach Genüssen und Wohlleben die Fähigkeit zu einer religiösen Empfindung verloren haben, sich mit ihren Realitäten abfinden, mögen sie sich aber hüten, zu spotten über das, was Vielen heilig und der Welt segenbringend ist.

Die edlen Männer aber, die in unermüdlichem Forschen nach Wahrheit und in der strengen Zucht geistiger Arbeit das höchste Ideal der Sittlichkeit zu erreichen streben, die zum Theil nicht mehr im Stande sind, weitere ideale Vorstellungen in sich aufzunehmen, Männer, auf deren Seele oft kein Stäubchen zu entdecken, deren ganzer Sinn eingenommen ist vom Gegenstande ihrer reinen Gedanken und Empfindungen, mögen diese nach wie vor ihr höchstes Glück darin finden, „das Erforschliche erforscht zu haben und das Unerforschliche ruhig zu verehren."

Das religiöse Gefühl richtig zu leiten, das christliche Leben in seinen Wirkungen auf den Einzelnen, die Familie, die Gemeinde auszugestalten und zu befestigen, die christliche Lehre in ihrer Reinheit zu erhalten, ist Aufgabe der **Kirche**.

Wie die Kirche diese Aufgabe erfüllt hat, das zu beurtheilen, ist Sache der Geschichte. Dem einfachen Gemüthe scheint auch auf diesem Werke die ganze Schwäche menschlicher Unvollkommenheit und Ueberhebung zu ruhen. Man legte jederzeit zu wenig Gewicht auf das christliche Leben: die christliche Lehre trat überall in den Vordergrund und die edelste Gesinnung wurde zurückgesetzt gegenüber dem äußeren Bekenntnisse, an dessen Aus= und Umbildung Kirchenversammlungen, Päpste und die ganze Gelehrsamkeit des Mittelalters alle ihre Kräfte und ihren Scharfsinn einsetzten. Nicht ohne Trauer kann man über die schweren Verirrungen der Kirche in ihrer einseitigen Auffassung des Christenthums hinwegkommen und wenn ich je an der sittlichen und göttlichen Weltordnung in der Geschichte gezweifelt habe, so ist es geschehen bei der Betrachtung der grausamen Verfolgung reinster christlicher Gesinnung und christlichen Lebens, wahrer Frömmigkeit und Gottesfurcht, nur weil sie mit den herrschenden Lehrformeln nicht in Einklang zu bringen waren.

In diesen Zweifeln war es mir eine wirkliche Erlösung, als ich in dem ausgezeichneten Werke von Uhlhorn[*]) „die christliche Liebesthätigkeit" die schönste und edelste Seite der Kirchengeschichte dargestellt fand, die wohl geeignet ist, die sittliche Kraft des Christenthums in das volle Bewußtsein treten zu lassen gegenüber den Verirrungen, welche die verfälschte Lehre in sich trug. Das Werk von Uhlhorn hat daher nicht nur eine litterarische, sondern eine hohe kulturgeschichtliche Bedeutung und entspricht derselben der edle Ausdruck und die vollendete Form, der man anfühlt, wie sehr das Herz des Verfassers bei der Sache war, ja, wie er sich freute, die Blüthe des Christenthums in vollem Glanze zeigen zu können. Dabei ist die sittliche Bedeutung der Arbeit auf der einen Seite, des Wohlthuns auf der anderen, der leitende Faden, der das ganze Werk durchzieht: Arbeit und Wohlthätigkeit gehören hier unzertrennlich zusammen: „Wo man nicht arbeitet, wird es auch zu keiner kräftigen, ausdauernden Wohlthätigkeitsübung kommen und in dieser erfüllt erst die Arbeit ihren höheren sittlichen Zweck."

Wie ein frischer Hauch befruchtet diese Darstellung die vielfach so entmuthigende Geschichte der christlichen Kirche und

---

[*]) Die christliche Liebesthätigkeit, von G. Uhlhorn, Abt zu Loccum, in 3 Bänden, Stuttgart, bei Gundert.

das ist eine Wirkung, die jeder Menschenfreund dem Verfasser danken muß; außerdem bietet das Werk eine Fülle geschichtlicher Belehrung und für das christliche Leben sowie für die christliche Liebesthätigkeit die Entwicklung von Grundsätzen, die offenbar durch eigene Erfahrung belebt und erweitert wurden.

Die Bedeutung der Kirche für die religiöse und sittliche Entwicklung des Volkes ist eine so hervorragende und bestimmende, auf der anderen Seite eine so verantwortliche und ernste, daß es dem menschlichen Verstande geradezu unbegreiflich ist, wie diese hohe Aufgabe derselben zu allen Zeiten vor kleinlichen Verhältnissen hat zurücktreten müssen. Kirchliches Parteiwesen und Parteitreiben, Geltendmachung von Meinungen und menschlicher Weisheit, Hochmuth und Herrschsucht an Stelle der Demuth und Bescheidenheit haben dem Ansehen der Kirche fortgesetzt tiefe Wunden geschlagen.

Wer das makellose, unendlich liebevolle und hingebende Leben Jesu und seine gewaltigen und doch so menschlich einfachen Lehren in sich aufnimmt, wer das ruhige, anspruchslose, demüthige Walten des Menschensohnes auf der Erde, seinen milden, menschenfreundlichen, überall hilfreichen Verkehr mit armen Sündern, Kranken und Elenden beherzigt, wer das innige Einvernehmen in der ersten Christengemeinde auf sich einwirken läßt, der kann sich nicht genug darüber wundern, wie bald in einer solchen Gemeinschaft Worte, Satzungen und Formeln über Ideale, über die opferbereite Liebe, wie bald der Buchstabenglaube über den Geist des Christenthums gestellt wurde.

Es würde nicht angemessen sein, hier noch weiter auf diese traurigen Vorgänge einzugehen, auf die krankhaften Beziehungen im Seelenleben Einzelner und ganzer Völker, in welche die christliche Lehre hineingezogen wurde.

Es sollte ja besser werden: Luther kam und mit ihm die Reformation.

Hoch und gewaltig steht die Persönlichkeit Luther's in der Geschichte da; was er dem deutschen Volke und der gesammten Christenheit geworden ist in unabläſſigem Ringen und Kämpfen, das hat erſt die Nachwelt in vollem Umfange zu würdigen gewußt. Reinigung des kirchlichen Lebens von himmelſchreienden Mißbräuchen, das war eine That, die ihm auch die katholiſche Chriſtenheit danken muß.

Die Reinigung der Lehre nahm ihren Ausgang von der Ueberzeugung, daß der Menſch nicht durch ſeine Werke, ſondern nur durch das herzliche Vertrauen auf die Gnade und Barmherzigkeit Gottes ſelig werde. Von dieſem Grundſatze ausgehend und geſtützt auf die Worte der heiligen Schrift bewirkte Luther aus einer wunderbaren Tiefe des Gemüthes die völlige Umwandlung chriſtlicher Lehre und chriſtlichen Lebens; er begründete die innere Freiheit und Verantwortlichkeit des Einzelnen gegenüber der Autorität der Kirche und der Bevormundung durch das Prieſterthum.

Die Bedeutung der Familie, des Berufes, der Gemeinde, überhaupt des ganzen bürgerlichen Lebens wurde von Luther ſcharf hervorgehoben und belebt durch den Geiſt der Wahrheit und der Liebe.

Das geſammte Denken und Handeln, die ſittlichen und rechtlichen Begriffe ſind durch Luther befruchtet worden mit der freien Lehre und dazu gab er in ſeiner Bibelüberſetzung dem deutſchen Volke ſeine kernhafte Sprache wieder, die von da ab die allgemeine Bildung beherrſchte.

Für Deutſchland war die weitere kulturhiſtoriſche Entwicklung durch die Reformation beſtimmt: in ihr wurzeln alle Kräfte des Volkslebens und der Volksbildung. Bewußt oder unbewußt war auch die katholiſche Kirche dieſem belebenden Einfluſſe unterworfen. Daß dies möglich war und daß der furchtbare dreißigjährige Religionskrieg nicht alle Keime ſittlichen und geiſtigen Lebens in unſerem Volke zerſtörte, dazu haben zwei besondere Strömungen wesentlich beigetragen: der Pietismus und die Humanität.

Der Pietismus hat in einer Zeit, wo schon dogmatische Einflüsse in der evangelischen Kirche mächtig hervortraten, durch die religiöse Vertiefung und Einfalt des Glaubens, durch strenge Lebensführung und durch Werke der Liebe belebend und anregend eingewirkt. Die Namen Paul Gerhardt's, Spener's und A. H. Francke's — des glaubensstarken Stifters des großen Halle'schen Waisenhauses — kennzeichnen diese Richtung als einen gesunden Baum auf dem Boden der Reformation, der erst allmählig durch krankhafte Auswüchse einem vorzeitigen Absterben anheimfiel.

Bei Weitem widerstandsfähiger erwies sich die **Humanität**: aus der Glaubensfreiheit der Reformation entsprossen, entwickelte die Humanität die reformatorischen Gedanken vom christlichen Leben, befruchtete die Lehre mit den Werken der Menschlichkeit, verband mit der Ehrfurcht vor der Religion die Freiheit und Wahrhaftigkeit wissenschaftlicher Erkenntniß und entwickelte aus sich heraus den echt menschlichen Gedanken der Duldung; ganz neue Ideale: Vaterlandsliebe, Tugend, Freundschaft wurden durch sie geschaffen und gepflegt und wenn frommer Sinn, eine tiefere Erkenntniß der sittlichen Weltordnung, die Begeisterung für die höchsten Güter unserem Volke die Kraft gaben, in den Freiheitskriegen zu siegen und zu sterben, so hatte die Humanität ihr gutes Theil daran.

Uhlhorn hebt (a. a. O. Band III Seite 272) in seiner milden und doch festen Weise hervor, daß bis auf diese Stunde Christenthum und Humanität noch vielfach nebeneinander hergehen, daß wir jetzt eigentlich eine doppelte Liebesthätigkeit haben: eine aus dem Christenthum, eine aus der Humanität entsprungene.

Uhlhorn steht nicht an, auch die Humanität als eine Frucht des Christenthums anzusprechen. Ich halte einen solchen

Unterschied im Wesen überhaupt nicht für bestehend, nur in der Form.

Wenn Herder,*) der vornehmste Vertreter der Ideen der Humanität, „als den besten, den einzig wahren Gottesdienst den verkündet, der frei von allem kirchlichen Gepränge Gott in der Natur findet und ihn in der Praxis hülfreicher Menschenliebe bekennt; wenn er sich gegen die Hinfälligkeit theologischer Lehrformeln auf den Werth des davon unabhängigen moralisch-religiösen Glaubens stützt, wenn er hervorhebt, daß man Gott in der Welt nie mehr verherrlichen kann, als wenn Jeder in seinem Stande dem Rufe der Vorsehung folgt, sich auf dem Platze, auf welchem er steht, so gut, so nützlich, so vollkommen, so glückselig zu machen sucht als er kann", so ist das doch Christenthum, wenn auch nicht in der Form, so doch im Geiste: es sind sogar echt reformatorische Gedanken.

Der weichliche stark sentimentale Zug, der die Humanität bis zur Mitte des achtzehnten Jahrhunderts kennzeichnete, das vielfach oberflächliche, nicht sowohl durch Pflichtgefühl und den Ernst des Lebens, als durch egoistische Motive geleitete Wohlthun erhielt eine scharfe Richtung zum Handeln, zur Pflicht und zur Hingabe an das Ganze durch unsere großen Geister: Lessing, Kant, Fichte, durch die Noth der Zeit, durch lange Schulung und durch eine Reihe herber Enttäuschungen.

In den letzten Decennien hat sich die Humanität wieder zu voller Kraft und bewußtem Handeln entwickelt und eine Fülle von Liebeswerken geschaffen, die in ihren Wurzeln schon in der zweiten Hälfte des vorigen Jahrhunderts vorhanden waren. „So ging aus der Gedankenarbeit der Philosophen eine neue sittliche Weltordnung, die Lehre der Humanität hervor, die aller konfessionellen Härte baar, gleichwohl im

---

*) Haym, „Herder nach seinem Leben und seinen Werken." Bd. I. S. 281. 299. Bd. II. S. 554 ff.

festen Boden des Protestantismus wurzelte und schließlich allen denkenden Deutschen, den Katholiken wie den Protestanten ein Gemeingut wurde" (Worte von Treitschke's in seiner deutschen Geschichte. Band I Seite 88).

Ein mächtiger Strom der Wohlthätigkeit befruchtet unsere Zeit; es ist eigentlich der großen Sache gar nicht würdig, die einzelnen Quellen desselben aufzusuchen, festzustellen, wo die Kirche und wo die allgemeine Menschenliebe in diesen Strom einbringt und doch dürfen wir eine Prüfung der religiösen und sittlichen Beweggründe nicht außer Acht lassen, weil diese in ihrer Wirkung auf die Sittlichkeit des Volkes von der größten Bedeutung sind. Wir sehen aber bei dieser Frage, die nur von Idealen getragen werden sollte, wie zurückhaltend die Natur mit ihren Gaben ist, wie schwer der Mensch mit gleicher Kraft zwei Richtungen verfolgen kann: Dem Einen ist das sittliche und religiöse Leben, dem Andern die Lehre die Hauptsache. Die Kirche allein kann Beides in sich vereinigen, aber sie muß duldsam sein.

Es wird nach dem Gesagten Manchem auffallen, daß ich auf die Gestaltung des Christenthums in der Kirche und durch dieselbe einen so hervorragenden Werth lege; in der weiteren Darstellung wird es sich aber zeigen, daß die freie Entwicklung des christlichen Lebens und christlicher Lehre in dem breiten Strome der Humanität für die religiöse und sittliche Wiederbelebung des Volkes nicht geeignet und die Aufnahme religiöser und sittlicher Vorstellungen namentlich in den unteren Klassen des Volkes an die traditionelle Form und Autorität der Kirche gebunden ist. Es ist das eine auffallende Erscheinung in unserem Volksleben: Das Volk hat vorzugsweise Achtung vor dem Amt; für eine sittliche Autorität hat dasselbe weniger Verständniß. Darum ist eine feste Organisation der Kirche und ein dem evangelischen Wesen und Verständniß sonst keineswegs entsprechendes Kirchenamt, eine Kirchenordnung notwendig. Ich gebe unbedingt zu, daß diese Auffassung etwas Befremdliches, ja Unfreies in sich trägt; aber wir dürfen uns derselben um der Sache selbst willen nicht verschließen. Das Volk im Ganzen hat für die evangelische Freiheit ebensowenig Verständniß wie für die politische und wer diesen Verhältnissen in der geschichtlichen Entwicklung unseres Volkes nachgeht, der wird nicht erstaunt sein über die Erfolge und die Macht der katholischen Kirche. Wir müssen bekennen, daß die reformatorischen Gedanken noch in keiner Weise unser kirchliches und bürgerliches Leben durchdrungen haben und daß die evangelische Kirche noch weit entfernt ist von der inneren Freiheit, zu der Luther sie emporheben wollte. Hier liegt noch ein gewaltiges Arbeitsfeld für unsere evangelische Kirche, das gerade in unserer Zeit gepflegt werden muß, wo die Macht der Tradition und der Autorität in der katholischen Kirche so bestimmend hervortritt. Unsere ganze religiöse Bildung ist doch vielfach nur eine intellektuelle, oft nur eine formale; der Pflege des Idealen setzt unsere Zeit fast unüberwindliche Schwierigkeiten entgegen. Angesichts der Erfahrungen der Gegenwart haben wir keinen Grund, stolz zu sein; am Wenigsten dürfen wir daran denken, eine Form zu zerbrechen und eine Institution zu schädigen, die berufen ist, christliches Leben und christliche Lehre zu pflegen und zu erhalten.

Es muß dies einmal gesagt werden, damit die weiten Kreise, die christliches Leben auch ohne Anschluß an die Kirche üben und pflegen, sich der höheren Kulturaufgabe derselben bewußt werden und Nichts versäumen, was dazu dienen kann, die Kirche zu kräftigen und ihr neues frisches Leben zuzuführen. Möge hier, wie überall, wo Kirche und Humanität sich berühren, der Wahrspruch zur Geltung kommen: »in dubiis libertas, in necessariis unitas, in omnibus caritas.«

Wenn wir in der Gegenwart die Kirche als den Mittelpunkt der freien Liebesthätigkeit ansehen wollten, so würden wir doch von der Ausdehnung und Bedeutung der Wohlthätigkeitsbestrebungen kein richtiges Bild erhalten. In unserer Zeit sind alle Liebeswerke mehr oder weniger vom Geiste des Christenthums durchdrungen, selbst da, wo Andersgläubige an denselben Theil nehmen; indessen sind die Verhältnisse unserer Kirchen doch niemals so klar bestimmt und sich ihrer Ziele bewußt gewesen, daß sich auf ausschließlich kirchlichem Boden die Wohlfahrtsbestrebungen hätten befestigen können, um so weniger, als in unserem Vaterlande seit der Reformation die konfessionellen Richtungen scharf und schroff auseinander gingen. Zudem zeigte die Kirche vielfach weder Neigung noch Verständniß für die praktischen Aufgaben des Lebens.

Daß sich in anderen Ländern, namentlich in Frankreich, unter dem ausschließlichen Einflusse der katholischen Kirche die Verhältnisse anders gestaltet haben, ist eine Erscheinung, die bis auf unsere Tage an Bedeutung nicht verloren hat.

Daß die Kirche niemals aufhörte, Wohlthätigkeit zu üben und stets durch hervorragende Vertreter Großes geleistet hat, daß in der Kirche und durch die Kirche mit der Zeit bestimmte große Organisationen Einfluß gewonnen haben, erkenne ich vollkommen an, aber eine allgemeine Ordnung in der eigentlichen **Armenpflege** konnte sie nicht erzielen: diese ging an Staat und Gemeinde über und die Ergänzung derselben durch die Liebesthätigkeit in einer geordneten kirchlichen Gemeinde-Armen- und Krankenpflege ist erst in ihren Anfängen.

Obgleich Niemand mehr wünschen kann, als ich, daß sich die christliche Gemeinde mehr und mehr zu einer inneren, festen Gemeinschaft ausgestalte, in der Einer für Alle und Alle für Einen einstehen, in der Vertrauen und Liebe das unzertrennliche Band sind, zu einer Gemeinschaft, in der auch die besonderen Nothstände ihre volle Würdigung finden, so kann ich es doch nicht bedauern, daß in unserem Vaterlande sich auch ohne Stütze der Kirche große, verständig und einheitlich geleitete Hülfsverbände gebildet haben, die in allen Zweigen der öffentlichen Wohlfahrt nicht nur helfend, sondern auch vorbauend und erziehend wirken konnten.

Ganz anders als in allen übrigen Kulturstaaten hat sich die Wohlthätigkeit bei uns entwickelt, zum Theil unverkennbar auf nationaler Grundlage, überall aber ausgehend von der Ueberzeugung, daß Barmherzigkeit und Nächstenliebe ein Gebiet ist, auf welchem, auch bei treuester Anhänglichkeit an die Kirche, ein gemeinsames Handeln wohl möglich ist. In dieser Ueberzeugung liegt auch ein großer Segen: es ist die Einigkeit und Gleichheit in der Menschenliebe, die hier zum Ausdrucke kommt, es ist ein hohes Ideal, welches zum einheitlichen Handeln befähigt.

Ein Theil unserer Wohlthätigkeitsvereine ist zurückzuführen auf die sittliche, religiöse und patriotische Erhebung des Volkes in den Freiheitskriegen, der größte Theil auf die Kriegsperiode vom Jahre 1859 bis 1871: denn jeder große Krieg weckt, ebenso wie großes nationales Unglück, die im Volke schlummernden sittlichen Kräfte und diese wenden sich — in der Noth gezeitigt und gereift — der Sorge für die allgemeine Wohlfahrt zu.

Die Motive für ein solches Handeln finde ich in einer alten Bestimmung des patriotischen Instituts der Frauenvereine in dem Großherzogthum Sachsen-Weimar vom Jahre 1817 einfach und schön ausgedrückt: „In dem großen Kampfe für deutsche Unabhängigkeit mußten auch die, welche von der Natur bestimmt sind, das Haus zu hüten, sich berufen fühlen, ihre Tage nicht unnütz für die gute Sache verstreichen zu lassen. Die Fürsorge für die Streitenden, die Unterstützung der Hinterbliebenen waren die nächsten und wichtigsten Zwecke der vom Gemeingeist beseelten vaterländischen Frauen und nicht ohne Erfolge waren die stillen Bemühungen im Einzelnen. Einmal erweckt zur Wohlthätigkeit konnten auch nach glücklich errungenem Frieden die gegen die Vorsehung und die aufopfernde Thätigkeit der Mitbürger dankbaren Frauen den Wunsch nicht aufgeben, ferner zum allgemeinen Besten beizutragen und die hohen Gefühle von Vaterlandsliebe in der Fürsorge für Einzelne zu erhalten und zu fördern."

Aus ähnlichen Motiven entstand bei der Kriegsgefahr im Jahre 1859 der badische, im Kriege 1866 der Vaterländische Frauenverein, der zur Zeit mit über 700 Zweigvereinen ein Mittelpunkt für alle Humanitätsbestrebungen in dem größten Theile unseres Vaterlandes geworden ist.

Gleichzeitig trat in Sachsen der Albert-Verein, in Hessen-Darmstadt der Alice-Verein ins Leben.

Später bildete sich der Württembergische Wohlthätigkeits-Verein, der Baierische Frauen-Verein, der Mecklenburgische Marien-Verein; große Vereinigungen mit weitgehender Organisation, seit dem 12. August 1871 zu einem „Verbande der deutschen Frauen-Vereine" geschlossen.

Indessen ist es nur ein Theil der bestehenden Frauen-Vereine, die ihren Ursprung zunächst der nationalen Erhebung verdankten, dann aber in ruhigem Geleise den allgemeinen Anforderungen der Armuth und Krankheit Folge leisteten. In welchem Geiste dies geschah, dafür giebt die Urkunde Ihrer hochseligen Majestät der Kaiserin Augusta Nachweis: „Gottes Segen vereint die Kräfte, die sich dem Vaterlande widmen. Dies hat eine ernste Zeit bewiesen; deshalb auch bleibe vereint unsere bewährte Hülfsbereitschaft, die, alle Bekenntnisse und Stände umfassend, im Vaterländischen Frauen-Verein hilft, wo es zu helfen gilt — im Kriege dem Volk unter den Waffen, im Frieden der Linderung der Noth" —.

Ein großer Theil der Humanitäts-Vereine ist auf dem natürlichen Boden der Menschenliebe und einer in Deutschland ungewöhnlich entwickelten praktischen Auffassung aller Lebensverhältnisse entstanden, indem man erkannte, daß Erhaltung des Familienlebens, Anregung der Selbsthülfe durch Arbeit und die vorbauende, verhütende Armenpflege mehr werth seien als bloßes Almosenspenden.

Für die Entstehung dieser Vereine ist als eines der ältesten Vorbilder der von der opferbereiten Amalie Sieveking zur Zeit der Cholera-Epidemie in Hamburg im Jahre 1831 gegründete **Kranken- und Armenbesuchsverein** hervorzuheben.

Alle Humanitätseinrichtungen erfüllen nur dann ihren Zweck voll und ganz, wenn sie den Ursachen der Nothstände nachgehen und diese, so weit es in ihren Kräften liegt, zu heben suchen. Wie es bei Krankheiten durchaus nicht genügt, daß der Arzt die Schmerzen lindert, das Fieber bekämpft, wie es für den Arzt die erste und wichtigste Aufgabe ist, dem letzten Grunde der Krankheit nachzuspüren, so ist es auch mit der Noth und mit dem Elend. Darum ist es so wichtig, **in die Häuser der Armen einzutreten**, nicht müde zu werden und immer wieder die Hebel anzusetzen, um die Quelle des Unglücks zu entdecken und dann Hülfe zu bringen, wie sie der Zustand erfordert, nicht nach Grundsätzen, sondern nach genauer Beurtheilung der Verhältnisse in jedem einzelnen Falle.

Nicht mit Geld und Almosen darf die Armuth abgefunden werden, nicht mehr wie einen ihm zukommenden Sold darf der Arme die Gabe empfangen; nein, hier muß mit Liebe geholfen werden, planmäßig und gründlich. Dabei muß erst um Vertrauen geworben werden, um das Elend an der Wurzel anfassen zu können.

Nun ist es bekannt, daß in dieser Beziehung unsere **öffentliche Armenpflege** den Verhältnissen bis jetzt nicht Rechnung tragen kann, wenn sie nicht in besonderer Weise durch die freie

Liebesthätigkeit unterstützt wird, wie das in vollkommener und musterhafter Ordnung in dem sogenannten Elberfelder System*) geschehen ist.

Daß diese ideale Form der Armenpflege, die eine gemeinsame Arbeit der staatlichen, kirchlichen und freien Fürsorge darstellt, in ihrer Vollendung nur in einzelnen Städten Anwendung finden konnte, ist leicht erklärlich: das Prinzip aber ist allgemein anerkannt und wird demselben — je nach den örtlichen Verhältnissen und Mitteln — Rechnung getragen.

Die bürgerliche Armenpflege ist ohne eine solche thätige Mitwirkung freiwilliger Kräfte nicht ohne sittliche Bedenken: Das Recht der Armen auf die Gesammtheit, die gesetzliche Regelung und Bestimmtheit der Armenordnung bezeichnen ja einen außerordentlichen Fortschritt in der staatlichen Fürsorge; aber dieses Armenrecht**) vernichtet vielfach den Trieb zur eigenen Anstrengung und zerstört den Keim zur selbstständigen Entwicklung der Kräfte. Diesen Mangel des Gesetzes muß die freie Liebesthätigkeit ersetzen. Es sei fern von mir, hier dem Gesetze einen Mangel zuzuschieben, der in den Verhältnissen begründet ist. Vorläufig wird wohl kaum eine bessere gesetzliche Regelung des Armenwesens möglich sein: es liegt ja zu sehr in dem Begriffe des Gesetzes, daß es allgemeine Grundsätze und Bestimmungen aufstellen muß, daß es nicht zu viele Bedenken, Ausnahmen und Besonderheiten berücksichtigen kann. Fast jedes Gesetz hat daher seine Härten, bedarf einer ausgleichenden, individualisirenden Nebenströmung und diese muß hier in der freien Liebesarbeit gesucht werden. Hier greifen nun die Frauen-Vereine ein, hier fängt die Thätig-

---

*) S. Böhmert: das Armenwesen in 77 deutschen Städten. Leipzig bei Duncker und Humblot.

**) S. hierüber: die deutsche Armengesetzgebung von E. Münsterberg. Leipzig bei Duncker und Humblot.

keit der christlichen Gemeindepflege an; hier ist es auch, wo die Aerzte ihre Kraft einsetzen müssen, um das Gesetz mit der Wärme der Humanität zu durchdringen.

Es ist auffallend, daß in unserer Zeit, wo Staat und Kirche alle Kräfte anspannen, um der Noth zu wehren, gerade derjenige Stand fast unbeachtet bleibt, dessen eigentlicher Beruf die Menschlichkeit ist: Der Arzt setzt sein ganzes Wissen und Können in den Dienst der Nächstenliebe und so verschieden vertheilt das Maaß der Wissenschaft und Kunst unter den Aerzten ist: Allen gemeinsam sollte das Verlangen sein, der leidenden Menschheit auch in ihrer Gesammtheit zu helfen.

Nicht nur am Bette der Kranken bewährt sich der Arzt: er sucht vor Allem, Krankheiten zu verhüten: er kennt am Besten die Gefahren der Armuth, der schlechten Wohnungen, des Mangels an ausreichender Nahrung, an Licht, reiner Luft und Wärme; er erforscht die Lebensformen im Großen und Kleinen, er weiß am Sichersten die Arbeitsleistung zu schätzen, den Werth der Arbeit und den Schaden der Ueberlastung zu beurtheilen; er erkennt die Laster der Trunksucht und der Unkeuschheit in ihren tieferen Ursachen und Wirkungen; der Arzt versteht es endlich mehr, wie die Mitglieder anderer Stände, das Zutrauen der Armen zu gewinnen, weil er vertraut ist mit ihren Bedürfnissen und gewohnt, zu helfen, wo und wie er kann.

Aber Alles das hat nicht genügt, dem ärztlichen Stande eine hervorragende Stellung in der Organisation der Hülfe zu gewinnen: die Thätigkeit des Arztes darf sich nicht auf die Behandlung von Krankheiten beschränken: er muß zu einer vorbeugenden Krankenpflege berufen werden von den Behörden, denen die Armenpflege obliegt, von den Orts- und Landarmen-Verbänden, von den Krankenkassen und den Genossenschaften, denen die Fürsorge für die Gesundheit des Arbeiterstandes anvertraut ist.

Leider treten die Behörden vielfach in ein rein geschäftliches Verhältniß zu den Aerzten und erschweren denselben ein freies Wirken; selten wird der Arzt auch äußerlich in den Stand gesetzt, frei von eigenen Sorgen sich seiner Humanitätsaufgabe voll und rein zu widmen; man verkennt vielfach den wichtigsten Beruf des Arztes, Krankheit und Elend im Keime zu ersticken.

Bedeutende Verbesserungen des medicinischen Unterrichts und großartige Anstalten für die Ausbildung der Aerzte namentlich auf dem Gebiete der Gesundheitspflege — die Errichtung des Reichs-Gesundheitsamtes, die hygienischen Institute, die Fortbildungskurse für die Medicinalbeamten — müssen mit Dank anerkannt werden; aber wenig geschieht vom Staate, um auch den großen praktischen Aufgaben des Standes gerecht zu werden: noch immer ist den ärztlichen Beamten die Initiative verkümmert und die freie Entwicklung derselben zu wirklichen Gesundheitsbeamten gehemmt, obgleich mit geringen Mitteln eine große und in den Folgen fruchtbare Befreiung humaner Kräfte zu erzielen wäre, welche jetzt vielfach brach liegen.

Ein Stand, dem weder die Begabung noch die Kraft zum Wirken fehlt, sollte doch vom Staate und von der Gemeinde besser verwerthet und zu einer Thätigkeit berufen werden, die er aus eigenem Antriebe selbst bei der größten Freudigkeit nicht mit Erfolg ausüben kann. So viel Gelegenheit sich auch dem Arzte bietet, den Leidenden Trost und Hülfe zu bringen: inmitten einer armen Bevölkerung wird der pflichttreue und gefühlswarme Mann nicht zur inneren Ruhe kommen, wenn er nicht in der Lage ist, sich im weitesten Umfange der allgemein menschlichen Fürsorge zu widmen.

Eine durchgreifende Aenderung der Stellung des Arztes zum Staate und zur Gemeinde ist ja auch unabweisbar, wenn den Anforderungen der Gesundheitspflege, auf die mit Recht so großer Werth gelegt wird, entsprochen werden soll. Denn nicht allein und nicht sowohl in den sanitären Anlagen der großen Städte zeigt sich die Bedeutung dieser Wissenschaft, als in der Aufdeckung und Beseitigung der gröbsten und schwersten Schäden in den Wohnungen der Armen und in der Ordnung der ersten, grundlegenden Lebensbedingungen derselben. Hier müssen die Aerzte als unentbehrliche Organe einer in jeder Beziehung vorbeugenden Armen- und Krankenpflege und als die eigentlichen Sachverständigen für die Werke der Humanität eintreten.

Daß die Bedeutung des ärztlichen Standes für die materielle und sittliche Hebung des Volkes bis jetzt noch nicht genügend gewürdigt ist, beweist der geringe Einfluß, den die Heilwissenschaft auf die Gesetzgebung ausübt, selbst da, wo sie zur Mitwirkung berufen wäre. Die Kenntniß der Naturgesetze, welche des Menschen Werden und Sein, seine körperliche und geistige Entwicklung bestimmen, die Erforschung der Lebensvorgänge im Großen und Kleinen, die Methode des Denkens, die auch das Geringste beachtet und nur auf dem sicheren Boden der Erkenntniß fortschreitet, Alles das ist nicht im Stande gewesen, die Bedeutung des ärztlichen Berufes für das öffentliche Leben zur Geltung zu bringen. Erst in der neueren Zeit treten Anfänge einer Besserung hervor und es ist bezeichnend, daß die Bedeutung der Heilkunst für die Erhaltung der Wehrkraft, die namentlich im letzten Kriege wieder mächtig zum Ausdruck kam, den ersten Anstoß zu einer besseren allgemeinen Würdigung der Medicin gegeben hat; ein Anstoß, der zunächst dem Militär-Medicinalwesen zu Gute kam, das durch eine selbstständige Organisation zu einer staunenswerthen Leistungsfähigkeit durchgedrungen ist, zum Segen für das Heer und zur eigenen Ehre.

Im Hinblick auf diesen Vorgang muß auch für die bürgerlichen Verhältnisse ein Gesundheitsdienst mit freier Organisation und eigener Verantwortlichkeit erstrebt werden: nur hierdurch wird es möglich werden, den Anforderungen der

Gesundheitspflege gerade da nachzukommen, wo die Hülfe am nöthigsten ist und wo sie dem allseitigen Kampfe gegen Noth und Elend eine sachverständige Stütze geben kann, nämlich in der Gemeinde, in den zahlreichen Bezirken, in denen der Gemeinsinn noch nicht genügend entwickelt ist und freie Einrichtungen für die Gesundheitspflege und für die Humanität fehlen.

Auf diese Verhältnisse weiter einzugehen, liegt nicht in dem Zwecke dieser Abhandlung; ich verweise hier auf die von einer großen Auffassung der Verhältnisse und von wahrer Humanität getragenen Ausführungen von Geigel(*) und auf die organisatorischen Arbeiten der neuesten Zeit.

Wie auch der Gesundheitsdienst im Einzelnen geordnet werden mag: so viel steht fest: Ohne Arbeit für das Gemeinwohl, ohne Kampf gegen die durch die Verhältnisse unserer Zeit erzeugten schweren Lebensbedingungen der unteren Stände, ohne ernstliches und ununterbrochenes Wirken gegen die Noth der Gegenwart wird die Heilkunst niemals zu der Bedeutung einer socialen Wissenschaft gelangen, die ihr Virchow**) vor bald 45 Jahren in Aussicht stellte, wenn er in seiner bahnbrechenden Arbeit über die naturwissenschaftliche Methode sagte: „Welche andere Wissenschaft könnte mehr berufen sein, in die Gesetzgebung einzutreten, um jene Gesetze, welche in der Natur des Menschen schon gegeben sind, als die Grundbedingungen der menschlichen Ordnung geltend zu machen."

Diese große Auffassung Virchow's klingt lebhaft wieder in dem geistvoll geschriebenen Werke von Petersen***), der in der Beeinflussung der socialen Verhältnisse das wichtigste

---

*) Handbuch der öffentlichen Gesundheitspflege. 1875. Leipzig bei Vogel.
**) S. über diese Verhältnisse: Virchow „Gesammelte Abhandlungen auf dem Gebiete der öffentlichen Medicin und der Seuchenlehre". Berlin 1879, bei Hirschwald. Band I. S. 22 ff. S. 117 ff.
***) „Hauptmomente in der geschichtlichen Entwicklung der medicinischen Therapie" von Dr. Jul. Petersen. Kopenhagen 1877.

und entschiedenste Vorbeugungs-Mittel gegen Krankheit und Kränklichkeit sieht.

Aber nicht nur vorbeugen, auch aufbauen soll der Arzt durch Geltendmachung der Gesetze der Gesundheitspflege und der Sittlichkeit in weitesten Kreisen und im weitesten Umfange: hier liegt die gewaltigste Cultur-Aufgabe für den ärztlichen Stand und sein größter Ruhm müßte darin bestehen, Lehrer des Volkes zu sein in Ordnung seiner Lebensverhältnisse auf einer gesunden und sittlichen Grundlage.

In dieser mehr oder weniger idealen Auffassung der Medicin ist in den letzten fünfzehn Jahren in Folge der gewaltigen Fortschritte auf allen Gebieten derselben — durch eine tiefere wissenschaftliche Erkenntniß sowohl wie durch die technisch fast vollkommene Ausgestaltung einzelner Disziplinen — eine Wandlung eingetreten, die zum großen Theil auf einem berechtigten Vertrauen zu der Bedeutung der Heilwissenschaft als solcher begründet ist: Die Therapie ist selbstbewußter geworden; der unmittelbare Heilzweck ist in den Vordergrund getreten. Hierzu kommt die völlige Reform der Wundbehandlung, die fast uneingeschränkte und gesetzlich bestimmte Fürsorge für die Kranken Seitens des Staates und der Gemeinde, die technische Vervollkommnung des Krankenhauswesens und der Krankenpflege, Alles Umstände, die der Heilwissenschaft eine größere und allgemeinere Anerkennung verschafft haben.

So berechtigt und verdient nun auch eine solche Auffassung ist, so trägt sie doch für den ärztlichen Stand den Keim einer realistischen Strömung in sich, der unter allen Umständen bekämpft werden muß; die kräftigste Gegenwirkung liegt aber darin, daß der Arzt in seinem Wirkungskreise seinen ganzen Einfluß geltend macht im Kampfe gegen die Noth der Zeit, daß er ernste Arbeit leistet im Dienste der Gesammtheit. Dann erst wird für unsere Zeit das herbe Urtheil als unberechtigt anerkannt werden, welches der für seinen Beruf wahrhaft begeisterte und sehr entschiedene Sonderegger*) ausspricht: „Gegen die socialen Verhältnisse sind alle Seuchen der Erde Kleinigkeiten und wenn die Medicin da nicht zu rathen und zu helfen weiß, so ist sie ein ebler Luxus und weiter Nichts."

Die Stellung der Medicin zu dem allgemeinen Elend unserer Zeit ist durch die gewaltigen Arbeiten Koch's insofern günstig beeinflußt worden, als dieselben auf die hohe Bedeutung der Vorbeugung von Krankheiten ein neues, helles Licht geworfen und die Ueberzeugung gereift haben, daß auch die größte therapeutische That ohne Reform der Lebensverhältnisse der unteren Stände ihre Wirkung auf die Volks-Gesundheits-Pflege nicht geltend machen könnte. Die Anregungen, die aus dieser Ueberzeugung hervorgehen, werden zweifellos dazu beitragen, eine Besserung der bisherigen Zustände anzubahnen und das Interesse für humane Fragen in weitere Kreise zu tragen.

So steht die medicinische Wissenschaft in enger Beziehung zum Leben; die Vermittlung aber müssen die Aerzte übernehmen und darin liegt ihre wichtigste Aufgabe für die menschliche Gesellschaft.

Sollen die Aerzte in allem Wirken, am Bette der Kranken wie im öffentlichen Leben als Vertreter der Humanität anerkannt werden, so dürfen sie auch keine Mühe scheuen und keine Anregung vernachlässigen, die geeignet ist, humanes Gefühl zur Entwicklung zu bringen und zu erhalten.

Es ist eine wunderbare Erscheinung, wie durch den Beruf des Arztes und in demselben sich jenes Gefühl der Theilnahme, der Menschenliebe, ja der Aufopferung mehr und mehr vertieft.

---

*) „Vorposten der Gesundheitspflege" von Dr. L. Sonderegger. III. Auflage. S. 6. St. Gallen. 1890.

Die Humanität wird dem Arzte zu einer heiligen Sache; in der Art, wie er dieselbe ausübt, liegt seine Persönlichkeit, seine Kraft, sein Wollen und Können. Alle seine Ideale finden hier ihr Ziel und ihre Vollendung. In dem andauernden Kampfe mit Unglück und Leiden, in den erschütternden Bewegungen des Tages, in der steten Sorge einer verantwortungsvollen Stellung erschließt sich ihm die Tiefe des Gemüthes und durch seine fortwährende Bereitschaft, alle seine Kräfte einzusetzen, zu jeder Zeit und unter allen Umständen, gewinnen seine Lebensanschauungen an Ernst und Bedeutung. Dem entsprechend entwickeln sich seine Vorstellungen zu einer sittlichen Stetigkeit, Keuschheit und inneren Wahrheit, verbunden mit Milde, Duldung der Schwächen Anderer und eigener Bescheidenheit.

Auf dieser Stufe angelangt, die nur durch Kampf und ernste Arbeit erreicht wird, kann der Arzt eine erziehende Wirkung ausüben, nicht nur dadurch, daß er die sittlichen Kräfte, die im Menschen liegen und die in Krankheit und Noth so leicht verloren gehen, weckt und erhält, sondern auch dadurch, daß er in seinem ganzen Berufs- und Lebens-Kreise sittlichen Motiven, namentlich der Menschenliebe und Barmherzigkeit, Geltung verschafft.

Das ist es, was ich unter Humanität des Arztes verstehe und warum ich auf seine Mitwirkung bei allen Werken der Menschenliebe so großen Werth lege.

Bei einer solchen Durchbildung des humanen Gefühls im Arzte zu einer sittlichen Bestimmtheit seines Wesens macht sich der Einfluß einer mächtigen Persönlichkeit besonders geltend, namentlich der des Lehrers*): Darum möge

---

*) Th. Billroth, „Lehren und Lernen der medicinischen Wissenschaften an den Universitäten der deutschen Nation." Wien 1876, ein Buch, ausgezeichnet durch eine Fülle edler Gedanken und durch eine wahrhaft ideale Auffassung aller ärztlichen Verhältnisse."

Jeder schon früh darauf bedacht sein, ein Vorbild in sich aufzunehmen, von dem er aussprechen kann, was unser großer Johannes Müller von seinem Lehrer Rudolphi sagte: „In einer unedlen Stimmung würde ich mich scheuen, das Bild des väterlichen Freundes zu betrachten und erinnere ich mich der edelsten Begegnisse meines Lebens, so fällt mir sogleich Rudolphi ein." In einem solchen Vorbilde liegt der mächtigste Schutz und die größte Anregung zum Guten, die ein Mensch dem anderen bieten kann. Es ist mir darum eine besondere Freude, hier als Vorbild edler Humanität einen Mann anführen zu können, dessen Name von jedem Arzte, ja von jedem Menschenfreunde mit Verehrung genannt wird: Rudolph Virchow.

Es ist hier nicht die Stelle und ich bin durchaus nicht berufen, die Bedeutung Virchow's im Ganzen darzulegen: der Grund, aus dem ich diesen hervorragenden Mann als den Vertreter der Humanität im ärztlichen Stande hier aufzustellen mich verpflichtet fühle, liegt in dem reformatorischen Wirken desselben auch auf humanitärem Boden.

Es ist an und für sich keine häufige Erscheinung, den Hauptvertreter, den Schöpfer einer wissenschaftlichen Disciplin auf einem Gebiete thätig zu sehen, das scheinbar ganz andere Eigenschaften erfordert als die des ruhigen Forschers. Wenn wir in dem ganzen Schaffen Virchow's die Universalität seines Geistes anerkennen, so wird uns auch die Wahrnehmung nicht auffallen, daß er auf große Fragen des Lebens dieselbe Wissenschaftlichkeit, dieselbe Kraft der geistigen Intuition, dieselbe Methode strenger Forschung anwendet, wie auf die Begründung seiner speciellen medicinisch-naturwissenschaftlichen Arbeiten.

Dem aufmerksamen Beobachter ist es eine beruhigende Wahrnehmung, wie die Gesetze, die aus den einfachsten und kleinsten Lebensformen sich entwickeln, in dem Geiste eines

Mannes sich ausbilden zu großen Anschauungen des wirklichen
Lebens, die ihn befähigen, auch in den gewaltigen Strömungen
und Gestaltungen einer leidensvollen Zeit die Gesetzmäßigkeit
der Erscheinungen zu erkennen und deren Unterordnung
unter höhere Gesichtspunkte zu verlangen.

In dieser gewaltigen Arbeit für Menschenwohl und
Menschenwürde hat sich Virchow nicht nur als der strenge,
die Wahrheit und die innere Freiheit über Alles liebende
Forscher, sondern auch als der warme und empfindende Menschen=
freund gezeigt und wie er stets der Vermittler war zwischen
Wissenschaft und Leben, wie ihm Alles darauf ankam, die
Wissenschaft für die Leidenden fruchtbar zu machen, wie ihm
das Heilen doch der Leitstern bei allen seinen Forschungen war,
so ist er zu unmittelbarem Wirken hinausgetreten unter die
leidende Menschheit und hat hier durch seine klare und große
Auffassung aller Lebensbedingungen ganz neue Gesichtspunkte
des Handelns aufgestellt, ja, die Wege erst gebahnt, die zur
Erkenntniß der Leiden führten.

Virchow hat zuerst an dem oberschlesischen Hunger=
typhus*) im Anfange des Jahres 1848 bewiesen, daß den
Seuchen nicht sowohl und nur zum geringen Theile äußere
Einflüsse zu Grunde liegen, sondern vielmehr dauernde sociale
Mißstände, die abzustellen heilige Pflicht der Behörden und
der ganzen Gesellschaft sei. Bestätigt wurden seine Wahrneh=
mungen und Urtheile durch den im Jahre 1852 in geringerem
Grade aufgetretenen Hungerzustand im Spessart**) und
konnte Virchow bei der Typhus=Epidemie in Ostpreußen

---

*) Gesammelte Abhandlungen. S. 214—362 ersten Bandes.
**) „Die Noth im Spessart" von Rud. Virchow. Würzburg 1852
und Ges. Abh. S. 368.
Kein Menschenfreund sollte versäumen, diese in ihrer Art mustergültige
Abhandlung zu lesen und hier den Forscher durch die Waldthäler in die

im Jahre 1868 auf seine früheren Erfahrungen*) als maß=
gebende hinweisen und hierdurch ein rasches Einschreiten der
freiwilligen Hülfe und des Staates befördern.

Wenn es sich jetzt von selbst versteht, daß Epidemieen
verhütet werden müssen, so weit es Menschen möglich ist, daß
Seuchen einen Vorwurf bilden für den Staat und
die Gesellschaft, so denken wir zu wenig daran, daß diese
jetzt so einfach erscheinende Thatsache das Verdienst Virchow's
ist: Welche Kraft und Energie, welches Maaß von Arbeit und
aufreibenden Kämpfen gehörte aber dazu, bis der Ausspruch
desselben**): „die Epidemieen gleichen großen Warnungstafeln,
an denen der Staatsmann von großem Styl lesen kann, daß
in dem Entwicklungsgange seines Volkes eine Störung ein=
getreten ist", jedem rechtschaffenen Manne von Pflicht und
Gewissen in Fleisch und Blut übergegangen war, zum Segen
für das ganze Volk.

„**Bildung mit ihren Töchtern, Freiheit und Wohl=
stand sind die einzigen Garantieen für dauerhafte
Gesundheit eines Volkes.**" Wer glaubte im Jahre 1848,
als Virchow dieses bedeutende Losungswort aussprach und
möglichst zur Geltung brachte, daß ein Menschenalter später
überhaupt kein Zweifel an demselben möglich sei?

So hat ein Mann mit der seltenen Gabe geistiger In=
tuition, mit einer aus sich herausgestaltenden Klarheit des
Geistes den großen Kreislauf des socialen und sittlichen Lebens

---

Hütten der Armen zu begleiten, um zu lernen, wie der, welcher helfen will,
sehen, beobachten und fühlen muß. Gerade für unsere Zeit ist hier ein
Beispiel gegeben, wie ich deutschen Verhältnissen gegenüber kein zweites an=
zuführen vermöchte.

*) „Ueber den Hungertyphus und einige verwandte Krankheitsformen."
Berlin 1868 und Ges. Abh. Band I. S. 433.

**) Ges. Abhandlungen. Bd. I. S. 119.

erkannt und seiner Ueberzeugung mit der vollen Kraft der Treue und der Wahrheit Anerkennung verschafft.

Bei den engen Grenzen, die ich meiner Arbeit gesteckt habe, müssen diese wenigen Angaben genügen. Die mehrfach angeführten „Gesammelten Abhandlungen aus dem Gebiete der öffentlichen Medicin" sind für den Arzt eine Fundgrube großer Gedanken über die Bedeutung der Volks-Gesundheitspflege nach fast allen Richtungen und in allen Beziehungen. Gegenüber den gewaltigen menschlichen und wahrhaft sittlichen Anregungen Virchow's sind ja alle seine Arbeiten auf dem Gebiete der Gesundheitspflege — Arbeiten, die allein einem Menschenleben Bedeutung geben würden — nur eine weitere Bethätigung seines Gemeinsinns und seiner Nächstenliebe.

Es ist eine Erfahrung der Gegenwart, daß wir in gesichertem Besitze geistiger und sittlicher Güter oft nicht an diejenigen denken, welche dieselben, oft in schwerem Kampfe, erworben haben. So ist es auch hier: Virchow hat durch harten Widerstand gegen Vorurtheile, gegen den engherzigen büreaukratischen Geist seiner Zeit, gegen die mächtigen Einflüsse einer die Geister beherrschenden Hierarchie, gegen Gleichgültigkeit, Stumpfsinn und Aberglauben erst den festen Grund und Boden für die öffentliche Gesundheitspflege erringen müssen, auf dem wir heute mit Sicherheit bauen.

Es würde eine besondere Arbeit verlangen, wollte ich Virchow auf seinen Wegen in unmittelbarem Dienste der Humanität begleiten: in Aller Erinnerung sind seine erfolgreichen, mühseligen Arbeiten für das Zustandekommen der Kanalisation in Berlin, sein entschiedenes Wirken in den Kriegen 1866 und 1870, wo er mit gewohnter Thatkraft zu neuen segensreichen Schöpfungen in der Kranken- und Verwundeten-Pflege nicht nur Anregung gab, sondern auch mit seiner ganzen Persönlichkeit für die Verwirklichung derselben eintrat — wie immer mannhaft und unerschrocken, keine Mühseligkeit scheuend und keine Gefahr —.

Wenn wir schließlich sehen, wie der hochstehende Gelehrte bald die Handwerker über die wichtige Lehre*) der Nahrungs- und Genußmittel aufklärt, bald ihnen mit dem ihm eigenen geschichtlichen Sinn die Entwicklung des Hospital-Wesens**) vor die Augen führt — ohne seine eigenen hervorragenden Verdienste um das musterhafte Krankenhauswesen Berlin's nur einmal zu berühren —, wenn er uns wiederum begegnet, wie er im Lette-Verein den Frauen einen neuen Weg des Erwerbes in der Krankenpflege***) zeigt, wenn er so überall Licht und Klarheit verbreitet in weitesten Kreisen, so bedarf es wohl keines weiteren Grundes dafür, daß mir Virchow stets als ein **Vorbild edlen, uneigennützigsten Wirkens im Dienste der Menschheit** erschienen ist und daß ich der Sache diene, wenn ich ihn als Beispiel hinstelle für jetzt und alle Zeiten.

Was aber den Mann als solchen kennzeichnet, daß ist der Umstand, daß er unentwegt und ohne Rücksicht nur der Wahrheit die Ehre giebt und wie sich ihm die für angewandte Naturwissenschaften sonst so sperrigen Thore der Berliner Akademie öffnen mußten, so haben sich ihm die Herzen der Menschenfreunde erschlossen allein durch die sittliche Kraft seiner Thaten. —

Möge der Schatz, der dem ärztlichen Stande in der Humanität überliefert ist, fort und fort wirken, möge diese wunderbare Entwicklung des menschlichen Gemüthes niemals von den Wogen des immer mehr anstürmenden Lebens fortgerissen werden, möge Selbstlosigkeit und Menschenliebe uns behüten vor den realistischen und materiellen Einflüssen unserer Zeit,

---

*) S. Sammlung gemeinverständlicher Vorträge von Virchow und von Holtzendorff. 2. Serie. Heft 48.

**) „Ueber Hospitäler und Lazarette." Sammlung gem. Vortr. 3. Serie. Heft 72.

***) Verhandlungen der Berliner Frauen-Vereins-Conferenz am 6. Nov. 1869 und Ges. Abhandl. Band II. S. 47.

in der vielfach unedles Treiben die sittlichen Bestrebungen zu überwuchern droht.

Vor Allem gilt es rücksichtslose Hingabe an die Gesammtheit. Was der Arzt auf dem großen Gebiete der allgemeinen Noth, der Armuth und des Elendes leisten kann, das soll er thun. Der Segen wird nicht fehlen. Denn das Volk fühlt es wohl, ob der Arzt sein volles Herz und sein bestes Können in seinen Dienst stellt und vergilt ihm mit dem Vertrauen und der Dankbarkeit, die der unvergängliche Lohn sind der aufrichtigen Hingebung für die Menschheit. —

Wenn ich so die Aerzte als die berufenen Führer und Berather der Humanitätsbestrebungen unserer Zeit überall anerkannt sehen möchte, so wird sich aus der folgenden Darstellung die Nothwendigkeit einer solchen sachverständigen Leitung von selbst ergeben.

Wir haben erkannt, daß durch die freie Hülfsthätigkeit der gesetzlichen Armenpflege eine wesentliche und nothwendige Unterstützung zu Theil wird und daß es nur hierdurch möglich ist, die vielfach büreaukratischen Maßregeln derselben in Werke der Liebe zu verwandeln.

Die Form, unter der die freie Liebesthätigkeit sich der Orts-Armenpflege zur Seite stellt, ist verschieden: am häufigsten sind es Frauenvereine, die diesen Liebesdienst verrichten, zum Theil im Anschluß an die Kirche, meist aber ohne konfessionelle Beziehungen. An manchen Orten leisten Diakonissen, barmherzige Schwestern, auch weltliche Pflegerinnen im Auftrage und in Verbindung mit der Kirche oder mit Vereinen den Armendienst.

Wie aber auch die Organisation sein möge: das Handeln wird überall bestimmt durch zwei Gesichtspunkte: Aufrichtung und Erhaltung des Familienlebens und Herstellung der wirthschaftlichen Selbstständigkeit der Armen mit eigener Kraft und durch eigene Anstrengung.

Die Ausführung der Hülfe in unmittelbarem Liebesdienst in den Wohnungen der Armen und Kranken ist die nothwendige Bedingung zu gedeihlichem Wirken; denn nicht in den Humanitätsanstalten, sei es Krankenhaus, Waisenhaus oder Rettungshaus kann die Liebesthat sich in so unmittelbarer Weise entfalten wie hier. Die gesammte Anstaltspflege hat ja äußerlich etwas Bestechendes, ist viel einfacher, bequemer und leichter, die Resultate treten sofort schärfer hervor; aber die Erhaltung und Entwicklung der sittlichen Grundlage der Familie steht ihr fast völlig fern. So nothwendig und unentbehrlich die Anstaltspflege ist, so muß sie doch auf die äußersten Grenzen beschränkt werden. Wir müssen der Noth unmittelbar entgegentreten; nur so kann der Keim der Menschlichkeit wieder befruchtet werden, kann wieder Vertrauen, kann Hoffnung einkehren und können die Fäden mit dem Leben wieder angeknüpft werden, die den Armen und Verlassenen so leicht verloren gehen. Erst dann werden die Wahrheiten der Religion einen vorbereiteten Boden finden, erst dann können sittliche Grundsätze sich Eingang verschaffen, kann das Wort und die Lehre sich geltend machen.

Einen solchen Weg muß das Rettungswerk einschlagen; wer glaubt, der Seelen-Pflege unabhängig von der leiblichen Noth, dem Worte ohne die rettende That der Liebe Eingang verschaffen zu können, der wird sich und Anderen schwere Enttäuschungen bereiten.

Auf die Unterstützung der Orts-Armenpflege beschränkt sich die Thätigkeit der freien Hülfe nicht: sie geht darüber hinaus und sucht die Verarmung der wirthschaftlich Schwachen zu verhüten, indem sie rechtzeitig der drohenden Noth vorbeugt und eine im weitesten Sinne erziehende Wirksamkeit ausübt: Erziehung zur Arbeit, zur Reinlichkeit, Ordnung und Sparsamkeit, Erziehung der Kinder, Unterweisung der

Mütter in der Pflege derselben, Erhaltung der wirthschaftlichen Selbstständigkeit, das sind ihre Aufgaben.

Bei dieser erziehenden Thätigkeit ist nun vor Allem ein Verständniß der Lebensformen und Lebensbedingungen der unteren Stände nothwendig und treten hier nicht nur die Anforderungen der Gesundheitspflege, sondern auch der genauen Kenntniß der menschlichen Natur so scharf hervor, daß ohne die Hülfe der Aerzte eine erfolgreiche Wirksamkeit nicht möglich ist; hier bietet sich für den Arzt die Gelegenheit, der erziehenden Bedeutung seines Berufes volle Geltung zu verschaffen, richtige Einsicht und zweckmäßiges Handeln zu gewährleisten. Hier geht keine Kraft unnütz verloren, hier kommt des Arztes humane Bildung zur vollen Geltung und die Liebe der Menschen, die einer solchen Handlungsweise folgt, ist wohl etwas werth in einer Zeit, wo in den engeren Grenzen des Berufes die Ideale des Lebens vielfach durch kleinliche Rücksichten verdrängt werden.

Es giebt kaum eine so weitgehende, allgemeine und in ihrer sittlichen Einwirkung so fruchtbare Thätigkeit für die freiwillige Hülfe, wie die **Armenkrankenpflege**. Es sind nicht immer diejenigen Familien, die der öffentlichen Armenpflege anheimfallen, die beklagenswerthesten, sondern die, welche erst durch Krankheit und andere Unglücksfälle arm werden und sich doch scheuen, die öffentliche Unterstützung in Anspruch zu nehmen: die verschämten Armen und fast der ganze Arbeiterstand. Denn hier bedingt fast jede Störung des Hauswesens Verarmung. Gerade hier ist aber auch die Hülfe am wirksamsten.

Krankheit trifft nicht nur die Armuth schwer: sie zerstört auch — hier rascher, dort langsamer — das Familienglück in besseren Kreisen.

Die Krankenhäuser, die ja in den letzten Decennien durch die gemeinsamen Anstrengungen des Staates, der Gemeinde, der kirchlichen und freien Liebesthätigkeit an Zahl und Größe so außerordentlich zugenommen, die fast noch mehr durch ihre Einrichtungen und die Vervollkommnung der Pflege im weitesten Sinne des Wortes ihre Bedeutung vertieft haben, können diesem Nothstande allein nicht abhelfen. Wir dürfen auch nicht einmal wünschen, daß jeder Kranke der Anstalt zufalle, daß der Mensch gerade zu der Zeit, wo er in stiller Sammlung sein inneres Leben reiner und wahrer hervortreten läßt, wo er der Liebe am meisten bedarf und nach Liebe am meisten verlangt, sich trennen müsse von Allem, was ihm werth und theuer ist.

Das Krankenhaus ist für viele Fälle ein Segen und muß unter allen Umständen da den Vorzug behalten, wo die Gesetze der Gesundheitspflege es verlangen und wo eine geordnete Pflege zu Hause unmöglich ist; in allen Fällen aber, in denen das Krankenhaus keine Vortheile bietet, ist es eine schöne Pflicht, auch die weniger Bemittelten, auch die Armen in den Stand zu setzen, ihren kranken Angehörigen im eigenen Heim Ruhe und Pflege zu verschaffen. Dies ist die Aufgabe der Armen-Krankenpflege und ihr großer Segen beruht **in der sittlichen Wirkung des Krankenlagers**, in der unmittelbaren, mit Anstrengung und Opfern verbundenen Liebesthat.

Es handelt sich nun nicht immer um schwere Krankheiten, sondern viel öfter um Aufrechthaltung des Hausstandes bei Schwäche, Hinfälligkeit, oder durch Sorgen und Kummer beeinträchtigter Leistungsfähigkeit der Mutter, um Unterstützung derselben in der Kinderpflege, um kräftige Beihülfe in den zahlreichen Fällen, wo Mann oder Frau dem Krankenhause übergeben werden mußten.

Ein weites, dankbares Feld der persönlichen Liebesthat bietet sich auch bei den aus dem Krankenhause matt und schwach

Zurückkehrenden. Hier kommt es darauf an, durch sorgfältige Pflege und geeignete Unterstützung die Gefahren einer abgekürzten Reconvalescenz und einer zu frühen Anstrengung der Kräfte abzuwenden und so die Familie vor unverschuldetem Elend zu bewahren.

Die bis jetzt aus dem unabweisbaren Bedürfnisse errichteten Reconvalescentenhäuser können die persönliche Fürsorge nicht ersetzen und eignen sich vorzugsweise für diejenigen Pflegebedürftigen, welche keine Häuslichkeit besitzen.

Reconvalescenten in die eigene Familie aufzunehmen, hat für gewöhnlich große Bedenken, da eine völlige Veränderung der Lebensverhältnisse und eine gewisse Verweichlichung Gegensätze hervortreten lassen, die nach meiner Erfahrung ungünstig wirken. Wo diese Bedenken nicht vorliegen, würde die Aufnahme von Pflegebedürftigen in das eigene Heim eine ideale Liebesleistung bezeichnen.

Bei der Hülfeleistung in den Wohnungen der Armen und Kranken ist besonderer Nachdruck darauf zu legen, daß die hülfreichen Frauen selbstthätig sind und sich nur dann durch berufene Pflegerinnen vertreten lassen, wenn ihr Wissen und ihre Kraft nicht ausreichen; denn die sittliche Wirkung der Liebesthat wird durch die Vermittlung abgeschwächt. Indessen stellt sich doch, sowohl für Frauen-Vereine als auch für die Gemeindepflege, vielfach die Nothwendigkeit heraus, erfahrene und durchgebildete Pflegerinnen, Diakonissen im ursprünglichen Sinne des Wortes, anzustellen, die nicht nur die wichtigen Aufgaben der Gesundheitspflege in den Wohnungen der Armen durchzuführen, sondern auch den regelmäßigen Besuch und die Wartung — namentlich der kranken Frauen und Kinder — zu besorgen im Stande sind. Die Thätigkeit einer solchen Vereins- oder Gemeindepflegerin erfordert nicht nur eine technische Ausbildung, sondern auch eine hervorragende Menschenkenntniß, Aufopferungsfähigkeit und ein hohes Maaß sittlicher Gediegenheit; auch ist unter allen Umständen auf die allseitige hauswirthschaftliche Ausbildung derselben besonderer Werth zu legen.

Hier darf keine Arbeit abgewiesen werden: In der Armen-Krankenpflege tritt der Pflegerin in noch viel höherem Grade die volle Verantwortlichkeit ihrer Stellung entgegen. Wer mit Armen richtig verkehren will, der muß ganz besonderen Takt in allen Reden und Handlungen, in seinem Thun und Lassen beobachten; Festigkeit und Ernst müssen hier ebenso zu Gebote stehen wie Milde und Freundlichkeit. Die hülfreiche Frau oder Pflegerin muß ermahnen und trösten können, den Muth heben und die Hoffnung beleben, sie muß mit dem ganzen Herzen bei ihrem Liebeswerke sein. Wer glaubt, sich im Hause oder am Krankenlager des Armen gehen lassen zu dürfen, der irrt sich gewaltig: außerordentlich feinfühlig ist die Armuth. Jeder, der dem Armen Liebe erweisen will, muß erst um Liebe und Vertrauen bei ihm werben. Nicht mit Selbstbewußtsein darf er auftreten, sondern mit Demuth. „Die Liebe ist langmüthig und freundlich, die Liebe eifert nicht, die Liebe treibt nicht Muthwillen, sie blähet sich nicht", das sind die Vorschriften, die in den Wohnungen der Armen besonders zu beherzigen sind. Der Arme muß fühlen, daß in der Liebe kein Unterschied ist zwischen Reich und Arm, Vornehm und Gering.

Mit Sanftmuth und Geduld, mit eigener Entbehrung Kranke pflegen, das ist wahrer Gottesdienst, der mehr wirkt als alle Rede; diesem Einflusse können sich auch die rohesten Gemüther nicht entziehen und oft fällt von dem Krankenbette der Frau oder des Kindes der erste Sonnenblick in das Herz des Mannes: Was eine Frau mit warmem Herzen, was eine tüchtige Pflegerin für eine durch Krankheit und Noth bedrängte Familie sein, wie sie dieselbe vom Untergange retten kann, das hat jeder Arzt wohl schon erfahren und zugestanden, daß ohne eine solche werkthätige Hülfe sein Wirken fruchtlos ist. Am Krankenbette des Armen kommt die Menschenliebe voll und rein zur Geltung und der ideale Gewinn, den Jeder, der hier Hülfe leistet — der Arzt, die Pflegerin, die wohlthätige Frau — aus einem solchen Wirken davonträgt, ist unschätzbar: er giebt dem ganzen Leben und Denken eine höhere Richtung: denn Liebe mit Entsagung, ja bis zum Opfer ist die höchste Leistung: sie allein wirkt versöhnend. —

Die Fortschritte der Humanität auf dem Gebiete der Krankenpflege haben für jeden Menschenfreund etwas Erhebendes: wer zurück sieht auf Zustände, wie sie noch in der Mitte dieses Jahrhunderts, geschweige im Anfange desselben herrschten, der muß sich wundern, daß alle die Wohlthaten der Gegenwart als etwas Selbstverständliches hingenommen werden; wäre dies nicht der Fall, so müßte ein Rückblick auf die Vergangenheit und ihr Vergleich mit der Gegenwart allein schon eine beruhigende Wirkung ausüben.

Im Anschluß an meine Ausführungen über Armen-Krankenpflege halte ich es für angemessen, auf die **Entwicklung der weiblichen Krankenpflege in Deutschland** kurz einzugehen.

Die Nothwendigkeit, Krankenpflegerinnen planmäßig auszubilden und in festen Organisationen zu vereinigen, hat sich in Deutschland erst verhältnißmäßig spät geltend gemacht.

Während in Frankreich schon seit Beginn des 17. Jahrhunderts die Stiftung des Ordens der barmherzigen Schwestern (durch den großen Wohlthäter Vincenz von Paul) einen gewaltigen Aufschwung nicht nur der Krankenbehandlung, sondern der ganzen Wohlthätigkeitspflege bezeichnete, trat in Deutschland erst im Jahr 1808 durch den Weihbischof Droste-Vischering in Münster der erste bescheidene Anfang hervor.

Eine kleine Genossenschaft von Pflegerinnen sammelte sich

um den Bischof, war zunächst nur in der Hauspflege thätig, bis ihr das allgemeine Vertrauen der Bevölkerung im Jahre 1820 die gesammte Pflege und Verwaltung im Clemens-Hospital in Münster verschaffte.*)

Das waren die ersten selbstständigen Anfänge der jetzt so großen Organisation der barmherzigen Schwestern in Deutschland; dann kamen im Jahre 1832 barmherzige Schwestern aus Frankreich nach Bayern, Oestreich und Süddeutschland, nachdem schon im Jahre 1811 in Trier, 1825 in Coblenz französische Schwestern in die Hospital-Behandlung eingeführt waren.

Bis zum Jahre 1840 ging die Ausbreitung der barmherzigen Schwestern nur langsam vor sich; von dieser Zeit an nahm die Zahl derselben von Jahrzehnt zu Jahrzehnt rascher zu, so daß bereits im Jahre 1851 der Bischof Ketteler die Hoffnung aussprechen konnte, „daß in wenigen Jahren jede arme Landgemeinde in der Lage sein werde, ihre Kranken und Waisen in eine nahe gelegene Anstalt der Schwestern zu bringen."**)

Wenn nun auch diese Hoffnung zu weitgehend war, so ist es doch gewiß schon eine bedeutende Leistung, wenn im Jahre 1885 in Preußen allein 5470 barmherzige Schwestern in 710 Niederlassungen pflegten.***) —

Ich habe schon früher bemerkt, wie erst in Folge der Freiheitskriege die Mitwirkung der Frauen an der Armen- und

---

*) „Ueber die Genossenschaften der barmherzigen Schwestern" von Droste-Vischering. Münster 1833.

**) S. über die katholische Armenpflege das gründliche Werk von Ratzinger „Geschichte der kirchlichen Armenpflege". Freiburg. Herder'sche Buchhandlung.

***) S. „die freie Liebesthätigkeit auf dem Gebiete der Krankenpflege" von Dr. Albert Guttstadt. Berlin 1886, Verlag d. Königl. Statist. Bureau's.

Krankenpflege möglich wurde. Schon Amalie Sieveking, die hochherzige Begründerin des Kranken-Vereins in Hamburg hatte den Gedanken, in der evangelischen Kirche eine Genossenschaft weiblicher Pflegerinnen zu errichten, angeregt durch englische Vorbilder und unmittelbar bewegt durch ein Schreiben unseres großen Staatsmannes, des Freiherrn von Stein. Die in diesem Schreiben angeregten Gesichtspunkte sind so charakteristisch, daß ich es für nützlich halte, dasselbe hier mitzutheilen.*) „Bei dem Besuche der Anstalten der barmherzigen Schwestern war mir höchst auffallend der Ausdruck von innerem Frieden, Ruhe, Selbstverleugnung, frommer Heiterkeit der Schwestern, ihre stille, geräuschlose Wirksamkeit, die liebevolle, segenbringende Behandlung der ihrer Pflege befohlenen Kranken. Mit allen diesen Erscheinungen machte einen lebendigen Contrast der Ausdruck von Unbehaglichkeit, aufgespreizter, wegen nicht befriedigter Eitelkeit gekränkter alternder Jungfrauen aus den oberen und mittleren — zum Broterwerbe durch Handarbeit nicht berufenen — Ständen, die wegen ihrer auf tausendfache Art gestörten Ansprüche, wegen ihres Müssigganges eine Leerheit, eine Bitterkeit fühlen, die sie unglücklich und Anderen lästig machte. Dieser Zustand der Unbehaglichkeit wirkt wieder nachtheilig auf ihre Gesundheit.

Die Frage war wohl natürlich: warum finden sich nicht ähnliche Institute wie das der barmherzigen Schwestern bei den protestantischen Confessions-Verwandten? Der Entschluß, ein Institut protestantischer barmherziger Schwestern zu gründen, ist im höchsten Grade heilbringend und lobenswerth."

Die Anstrengungen von Amalie Sieveking waren ohne Erfolg, auch die Gedanken des Pfarrers Klönne und des Grafen von der Recke, das apostolische Diakonissen-Amt wieder

---

*) nach Niese. „Einige Worte über Geschichte und Bedeutung der Krankenpflege." Altona 1870.

herzustellen, hatten keine praktischen Folgen und gelang es erst Theodor Fliedner, Pfarrer in Kaiserswerth, die Rheinisch-Westfälische Diakonissen-Gesellschaft und im Jahre 1836 das erste Diakonissenhaus zu gründen.

Fliedner gehört zu den seltenen energischen Naturen in der evangelischen Kirche, die mit dem starken Glauben eine große Kraft des Willens verbinden und steht in einer Reihe mit Franke, Wichern, von Bodelschwingh u. A.

Zugleich mit Fliedner, zur Zeit der Cholera-Epidemie in Berlin, errichtete Goßner einen weiblichen Krankenverein, aus dem 1837 das Elisabeth-Diakonissenhaus hervorging.

Es würde hier zu weit führen, auf die Entwicklung des Diakonissenwesens einzugehen, die Art der Ausbildung und Verwendung der Schwestern gründlich zu besprechen. Der Ausbau der Diakonissenanstalten ist gleichmäßig vor sich gegangen und bestanden nach Guttstadt im Jahre 1885 in Preußen 20 Mutterhäuser mit 2853 Schwestern, welche auf 936 Arbeitsfelder vertheilt waren; seitdem ist die stärkere Betonung der kirchlichen Armenpflege in den letzten Jahren der Diakonissensache in hohem Grade förderlich gewesen, so daß nach Uhlhorn die Zahl der Diakonissenhäuser in ganz Deutschland im Jahre 1888 41 betrug mit 7129 Schwestern, welche auf 1700 Stationen vertheilt waren. Außerdem werden in den Diakonissenhäusern noch Hülfsschwestern auf Kosten des Johanniter-Ordens ausgebildet und ausnahmsweise auch junge Mädchen und Frauen für die Hauspflege vorbereitet.

Wie die Diakonissenhäuser, so haben auch in den letzten Jahren die Niederlassungen der barmherzigen Schwestern außerordentlich zugenommen, so daß auf die jetzt etwa 17 Millionen Katholiken im deutschen Reiche 1906 Niederlassungen kommen.

Es ist allgemein anerkannt, daß die barmherzigen

Schwestern und die Diakonissen die eigentliche Krankenpflege auf eine Höhe gebracht haben, die kaum übertroffen werden kann. Einzelne Mißstände, die hier, wie bei allen menschlichen Einrichtungen, unvermeidlich waren, sind zum großen Theil mangelhafter Bildung und verkehrter Gemüthsrichtung einzelner Glieder zuzuschreiben, weniger den Einrichtungen im Ganzen: Wo aber Verirrungen in ausgedehntem Maaße einreißen konnten, da hatten verderbliche Einflüsse den ursprünglichen Geist der Demuth und wahrer Frömmigkeit verdrängt, da war geistlicher Hochmuth, Selbstüberschätzung und falsche Werkheiligkeit an Stelle der Bescheidenheit und ruhigen stillen Wirkens getreten: das sind aber nur Ausnahmen, die nicht lange bestehen können.

Die Anforderungen, die an eine Krankenpflegerin gestellt werden müssen, die Tugenden, die sie zu bewahren hat, sind so schwerwiegend, daß nur die größte Selbstentsagung und völliges Aufgehen in den Beruf eine befriedigende Lösung herbeiführen können. Der erste Grundsatz ist: „diene und gehorche"; Hingebung für die übernommenen schweren Pflichten, Entbehrungen der empfindlichsten Art, Entsagung von allen Gewohnheiten und Bequemlichkeiten des Lebens und dabei Seelenruhe, Geduld, würdevolles und doch freundliches Benehmen, alles das sind Tugenden, die sich auch in einer religiösen Genossenschaft erst allmählich entwickeln und befestigen können.

Die Prüfung, Auswahl und allseitige Ausbildung der Pflegerinnen erfordern ein hohes Maaß von Erfahrung und Menschenkenntniß; Irrungen sind hier unvermeidlich; das religiöse Gefühl allein entscheidet nicht; die persönliche Tüchtigkeit, die individuellen Motive, die Beziehungen zur Außenwelt müssen berücksichtigt werden. Die Begeisterung für den Beruf ist viel werth; über manche Schwierigkeit helfen hinweg die fromme Richtung des Gemüthes und das Vertrauen auf den Segen der Arbeit und den Frieden, der ihr folgt; aber vergessen wir nicht, daß der Krankendienst eine ununterbrochene zähe Arbeit verlangt, die selbst bessere Naturen abspannt, daß auch nicht nur ein hohes Maaß sittlicher Eigenschaften dazu gehört, um den immer wieder von Neuem herantretenden Pflichten gerecht werden zu können, sondern auch eine Frische und Vielseitigkeit des Geistes, eine Widerstandskraft des Körpers, die nicht jedem Drucke unterliegt.

Wir sehen, welche Hindernisse die religiösen Genossenschaften zu überwinden haben; hierzu kommt, daß den Anforderungen der Diakonissenhäuser auch noch vielfach eine beschränkte Auswahl von geeigneten Persönlichkeiten entgegensteht, während in Folge des hohen Ansehens des ehelosen Standes in der katholischen Kirche und bei der besonderen Bedeutung der guten Werke diese Beschränkung für die Orden fortfällt.

Wenn wir die ungewöhnliche Vermehrung der Zahl der Diakonissen sowohl wie der barmherzigen Schwestern während der letzten 10 Jahre ins Auge fassen, so hat diese Erscheinung doch etwas Beunruhigendes: Das Bedenken, daß unter solchen Umständen Elemente aufgenommen werden, die für die traditionellen Formen und die Anforderungen der Orden und Genossenschaften in religiöser Beziehung nicht geeignet sind, daß so das Ganze, sei es durch inneren Widerspruch, sei es durch Veräußerlichung geschädigt werden könne, läßt sich nicht von der Hand weisen. Das würde um so mehr zu bedauern sein, als bei stärkerer Betheiligung namentlich der Diakonissen an der Gemeindekrankenpflege die Ansprüche an die allgemeine Durchbildung und sittliche Gediegenheit der Pflegerinnen in hohem Maaße gesteigert werden müssen.

So hoch ich auch den Werth und die besonderen Vorzüge der religiösen Genossenschaften für die Krankenpflege schätze, so muß ich doch bekennen, daß eine ausschließlich kirchliche Krankenpflege mit meinen sittlichen Vorstellungen nicht völlig übereinstimmt. Krankheit ist eine rein menschliche Angelegenheit und sollte in der Behandlung derselben jeder konfessionelle Unterschied fortfallen. Es ist daher vollkommen richtig, wenn die konfessionellen Krankenhäuser zurücktreten gegen das allgemeine bürgerliche Krankenhaus und daß auch in jenen das Bestreben hervortritt, die konfessionellen Beziehungen nicht in den Vordergrund zu stellen: Dementsprechend geht auch schon seit langer Zeit neben den Orden und religiösen Genossenschaften eine selbstständige Strömung freien Schaffens, in der sich noch einzelne besondere Richtungen geltend machen.

Gemeinsam ist diesen Bestrebungen die selbstständige Ausbildung von Pflegerinnen auf dem Boden der Nächstenliebe und Barmherzigkeit.*) Voraussetzung für den Beruf sind die sittlichen Eigenschaften, die ich oft hervorgehoben habe, die sich in Pflichtgefühl und Pflichttreue kundgeben. — Es liegt zu sehr in der Natur vieler edler Menschen, daß sie Freiheit und Selbstbestimmung auch um die höchsten Güter nicht aufgeben können: Werden sie dazu gezwungen oder durch äußere Vortheile bestimmt, so verkümmert ihr Leben, ihre Thatkraft erlahmt und ihr ganzes Thun entbehrt der Weihe der Wahrheit. Solche Naturen würden von der Krankenpflege ausgeschlossen sein, wenn außer den religiösen Genossenschaften nicht noch besondere Organisationen zu Stande kämen.

Eine andere Bewegung, die diese Frage unter Wahrung aller besonderen sittlichen Vorbedingungen vom einfachen Standpunkte des Erwerbes**) zu würdigen sucht, ist ebenso berechtigt, wie sie ernste Berücksichtigung erfordert: Es

---

*) S. den vortrefflichen Aufsatz von Dr. Rudolph Ehlert, Pfarrer in Frankfurt a. M.

**) S. Runge, „die Krankenpflege als Feld weiblicher Erwerbsthätigkeit" Berlin 1870 und Virchow in seiner oben angeführten Rede, Ges.-Abhandlungen. Band II. S. 47.

handelt sich darum, einer bestimmten Klasse von Frauen und Jungfrauen einen lohnenden Beruf zu verschaffen, der ihren natürlichen Anlagen, Charakter=Eigenthümlichkeiten und Fähigkeiten entspricht.

Von dem Kriege 1866 gingen weitere Anregungen aus: die Frauen=Vereine unter dem rothen Kreuz, die aus dem Kriege hervorgegangen waren, hatten die große Wichtigkeit der Frage für Krieg und Frieden erkannt und gingen aus diesen Vereinen zum Theil größere Organisationen zur Ausbildung von Krankenpflegerinnen hervor in eigenen Anstalten und Krankenhäusern, zum Theil wurden durch die einzelnen Frauen=Vereine geeignete Persönlichkeiten ausgebildet zur Verwendung in der Armenkrankenpflege. Diese Bestrebungen wurden wirksam unterstützt durch die Männer=Vereine unter dem rothen Kreuz, die im Kriege die Idee zu verwirklichen suchen: „Der verwundete und kranke Feind ist kein Feind mehr."

Neben diesen Schwestern unter dem rothen Kreuz haben sich nun noch freie Schwesterschaften gebildet, wie das Viktoria=Haus in Berlin, und besondere Pflegerinnen=Anstalten im Anschlusse an große Krankenhäuser, wie das Pflegerinnen=Haus am städtischen Krankenhause Friedrichshain in Berlin.*)

Die freien Bewegungen in der Ausbildung von Krankenpflegerinnen sind zum Theil noch nicht genügend befestigt, namentlich fehlt es an der Entwicklung von Genossenschaften, die den einzelnen Pflegerinnen sicheren Halt und ein Haus bieten, in denen ihnen im Falle der Erwerbsunfähigkeit und im Alter eine Zuflucht gesichert ist. Gerade dieser Umstand führt immer wieder mehr oder weniger zu Einrichtungen, die den Uebergang zu wirklichen Diakonissenhäusern erleichtern und

---

*) s. Virchow, Gesammelte Abhandlungen, Band II, S. 114.

vielfach auch herbeigeführt haben. Ueberdies ist die Gegenwart einer außerkirchlichen Entwicklung der Krankenpflege nicht günstig, auch scheint die Annahme nicht unberechtigt zu sein, daß sittliche Motive allein nicht stark genug sind, um die schwere und äußerlich vielfach undankbare Stellung einer Krankenpflegerin zu einem bevorzugten Arbeitsfelde auch für höhere Kreise zu erheben. Denn es ist eine eigenthümliche Erscheinung, die im deutschen Charakter vielfach hervortritt, daß eine berufsmäßige Verwerthung idealer und sittlicher Güter gemieden wird, daß die Arbeit des Herzens den Lohn scheut: eine ehrenwerthe Auffassung, mit der wir zu rechnen haben.

In den Diakonissenhäusern haben wir eine Einrichtung kennen gelernt, die sich in und unter dem Einflusse der evangelischen Kirche gebildet hat und sich wesentlich an die größeste und bedeutendste Organisation, die die evangelische Kirche aufzuweisen hat, anschließt: an die „**Innere Mission**". Wenn ich nun in der Besprechung der kirchlichen Liebesthätigkeit mit der evangelischen Kirche beginne, so kann ich mich fast völlig auf eine Erörterung der inneren Mission beschränken: Als Vater derselben müssen wir den Mann nennen, der mit klarem Blick die sittlichen Nothstände der unteren Volksklassen aufgefaßt hat, wie vor ihm Keiner: Johann Heinrich Wichern, geboren 1808, gestorben 1881.

In Noth und Kampf hat er die Ideale seiner Jugend durchgeführt, häufig verkannt von der Humanität sowohl wie von der Kirche; neue Bahnen hat er geschaffen und Großes vollendet mit Kraft und Ausdauer, in echt christlicher Geduld und wahrer Frömmigkeit. Tausende von Seelen hat er gerettet, den Geringsten und Verlassensten, den verstoßenen Kindern und Waisen hat er Hülfe und Erlösung gebracht und der evangelischen Kirche den Impuls thatkräftigen Handelns, der Armenpflege neue sittliche Motive gegeben: Mit weitem Blicke, frei von jeder Engherzigkeit und persönlichem Ehrgeiz, verstand er es, mit einer anmuthigen Bestimmtheit seines Wesens, Humanität und Christenthum in die innigste Verbindung zu bringen, so daß beide Institutionen, die innere Mission und die Humanitätsanstalten sich gegenseitig ergänzen und zum Theil zusammen arbeiten, wie ja auch der Central-Ausschuß und die Landesvereine der inneren Mission in dem „deutschen Vereine für Armenpflege und Wohlthätigkeit" vertreten sind. Sittliche Kräfte, die bis dahin noch gar nicht zur Geltung gekommen waren, sind durch Wichern geweckt und gebildet worden.

Am 12. September 1833 sprach sich Wichern zu Hamburg in einer ergreifenden Rede über Zweck und Ziel seines Handelns aus, wies auf die schrecklichen Zustände der Armenwelt hin, aus denen die Bettelkinder und Vagabunden erwachsen, und begründete die Nothwendigkeit, zur Rettung des heranwachsenden Geschlechts Anstalt zu treffen: „Ob den Erwachsenen noch gründlich zu helfen sei, und wie? — lassen wir dahingestellt sein; daß dem jungen Volke noch geholfen werden könne, glauben und wissen wir." Nun bewies er, daß innerhalb der sittlich völlig verkommenen Familie eine Rettung nicht möglich sei, daß man die Kinder in eine Anstalt bringen müsse, die denselben das Bewußtsein des Familienlebens gebe, in der ihnen neben dem Unterrichte durch Arbeit in Haus und Feld die Freude und der Friede wieder gegeben werde.

Was Wichern vor Augen stand, ging bald in Erfüllung: In demselben Jahre konnte er das „Rauhe Haus" bei Hamburg beziehen: das war der Anfang seines großen Lebenswerkes, hier die Pflanzschule für eine völlige Neugestaltung christlicher Liebesthätigkeit. An dies Familienhaus schloß sich bald ein zweites; das ursprüngliche Rettungshaus vergrößerte sich von Jahr zu Jahr zu einem Rettungsdorf. Eine immer größere Zahl Kinder wurde aufgenommen, Mädchen und Knaben; aber dabei blieb Wichern nicht stehen: das Rettungshaus wurde zu einer Lehr-Anstalt von helfenden Brüdern (Diakonen) und nun baute Wichern mit erstaunlicher Klarheit die große Aufgabe des Rettungswerkes weiter aus und machte dieselbe auf dem Wittenberger Kirchentage am 22. September 1848 zu einer Sache der evangelischen Kirche: Es wurde ein Central-Ausschuß für innere Mission ernannt, der Ursprung einer Organisation, die durch Bildung von Provinzial- und Landesvereinen sich weiter ausgestaltete.

„Von dieser Zeit an — sagt Uhlhorn — tritt die Kirche wieder in unmittelbare Berührung mit dem Volke und seinen Bedürfnissen", aber doch nicht in dem Maaße, wie man es hätte erwarten sollen: dies ist noch immer der Gemeinde-Armenpflege vorbehalten; indessen sind die Bestrebungen der inneren Mission dadurch von so großer Bedeutung geworden, daß sie die scheinbar undankbarsten Aufgaben der Wohlthätigkeit auf sich genommen hat, die die Humanitäts-Vereine nicht hatten lösen können, auch nicht einmal versucht hatten, zu erfüllen; ferner darin, daß sie in den Werken der rettenden Liebe, in der Fürsorge für die Gefallenen, für verwahrloste Kinder u. A. den Humanitäts-Vereinen ein Vorbild und Beispiel gab.

Die innere Mission beschäftigt sich vorzugsweise mit den schweren Krankheiten des socialen Lebens, die eine häusliche Behandlung nicht gestatten, bei denen die gewöhnliche Pflege in der Familie nicht ausreicht, wenn überhaupt eine Familie besteht: Sie sucht die Elenden gewissermaßen von der Landstraße auf; daher das Vorwiegen der Anstalt, des Rettungs- und Erziehungshauses, des Trinkerasyls und des Magdalenen-Stiftes. Die innere Mission nimmt sich der wandernden Handwerker an und bietet ihnen leibliche Pflege und geistigen Schutz in den zahlreichen „Herbergen zur Heimath", sie folgt den deutschen Arbeitern in abgelegene Gegenden und begleitet den Auswanderer bis über das Meer; sie sorgt für die Gefangenen, die Blödsinnigen, die Epileptischen, überhaupt für Alle, die sonst ausgestoßen und verlassen waren: Die innere Mission erzieht die Arbeitsscheuen zur Arbeit, schützt die heimathlosen Mädchen durch Mägde-Herbergen und Mägde-Bildungsschulen und sucht in den großen Städten mit Besonnenheit, Muth und Thatkraft die Heerde der Unsittlichkeit auf. Die innere Mission fehlt niemals, wo plötzliche Nothstände rasche und geordnete Hülfe erheischen: Sie ist das Salz der evangelischen Kirche und den Männern, die auch nach dem Tode Wichern's sein Werk ausgebaut haben — ich nenne nur Oldenberg, Wichern den Sohn, Hesekiel, Baur, von Bodelschwingh, den unermüdlichen Vater der Arbeiter-Kolonieen und der Asyle für Epileptische — gebührt der uneingeschränkte Dank aller Menschenfreunde.

Aber nicht nur durch die That, durch opfervolle Arbeit hat die innere Mission Menschenwohl gefördert: mit durch Erfahrung geschärftem Blick hat sie der rettenden und erhaltenden Liebe weite Gesichtspunkte des Handelns eröffnet und mit wissenschaftlichem Ernste, in Wort und Schrift, weite Kreise für das Rettungswerk begeistert. Die „Fliegenden Blätter des rauhen Hauses" sind ein ehrendes Denkmal des Kampfes der inneren Mission gegen das Elend der Zeit und werden eine geschichtliche Bedeutung behalten.

Das vergangene Jahr war für die innere Mission von besonderer Wichtigkeit, weil der Kaiserliche Erlaß vom 4. Februar 1890 Veranlassung gab, die tieferen Ursachen der bestehenden Noth und der Entartung des Volkes in besonderen Conferenzen und später auf dem Congresse zu Nürnberg eingehend zu erörtern. Dies geschah mit der ganzen Macht deutschen Gemüthes und sittlichen Ernstes und beruhen die Anregungen, die hier gegeben wurden durch Männer, wie

Aufruf des Congresses der inneren Mission.

Lohmann, Haupt, Weiß, auf so gesunden und klaren Anschauungen, daß dieselben ein allgemeines Interesse erwecken mußten.

Zum Beweise, in welchem Geiste die in großem Sinne erziehende Arbeit der inneren Mission geleistet wird, fühle ich mich verpflichtet, den beweglichen Aufruf, den der Congreß der inneren Mission in Nürnberg an die deutschen evangelischen Glaubensgenossen erlassen hat, anzuführen: „Das Evangelium allein bietet im Frieden des Gewissens und in der Hoffnung das höchste Gut. Dadurch wehrt es jeder Ueberschätzung des irdischen Gutes, dem rastlosen Jagen nach Gewinn, wie der grollenden Unzufriedenheit über seine ungleiche Vertheilung. Das Evangelium lehrt den irdischen Beruf schätzen als ein von Gott anvertrautes Gut, mit dessen Größe auch die Schwere der Verantwortung wächst. . . . . . Das Evangelium straft den prahlerischen Luxus und die träge Genußsucht nicht weniger, wie die neidische Begehrlichkeit und die menschliche Verkommenheit. . . . . In seinem Lichte wird jede Berufsarbeit aus einer Last, welche die Noth auferlegt, zu einem Segen für das innere und äußere Leben und jede treue Erfüllung der Berufspflicht zum Gottesdienste. Es verbindet Arm und Reich, Hoch und Niedrig, Arbeitgeber und Arbeiter, Vorgesetzte und Untergebene durch das Band der gleichen Liebe unter einander. Nur die Liebe, welche in Jedem den Bruder ehrt, vermag die Kluft zu überbrücken, durch welche die natürliche Ungleichheit der äußeren Lebensverhältnisse die verschiedenen Stände und Klassen des Volkes in feindliche Lager scheidet . . . .; das Evangelium weckt den Sinn für die Uebung der barmherzigen Liebe, welche die Armen und Kranken pflegt, die sittlich Gefährdeten behütet und die Verirrten auf den rechten Weg zu bringen sucht. Es legt jedem Einzelnen die Pflicht auf, mit seinen Gaben und Gütern sich in den Dienst solcher Liebesarbeit zu stellen" . . . .

„Je reicher Gott das Maaß seiner Gaben und Güter

ausgetheilt, je höher und einflußreicher die Stelle ist, auf welche er Einen im öffentlichen Leben gestellt hat, desto mehr wächst seine Verpflichtung, mitzuhelfen, daß alle Hindernisse der wahren Volkswohlfahrt beseitigt und jeder segensreichen Ordnung die Wege gebahnt werden."

Das sind goldene Worte, die verstanden werden, wie überhaupt die sittliche Kraft des Christenthums überall da am reinsten hervortritt, wo es sich auf die Lebensführung und die Nächstenliebe bezieht.

Es ist mir nicht möglich, hier die einzelnen Arbeitsfelder der inneren Mission durchzugehen: ich verweise auf die zahlreichen besonderen Arbeiten auf diesem Gebiete, auf Uhlhorn, Band III, Seite 349 ff., und auf das vortreffliche Werk von Lehmann: „Werke der Liebe".*) Ein würdiges Denkmal hat Oldenberg seinem alten Lehrer und Freunde Wichern in einem ausführlichen Werke gesetzt: „Johann Heinrich Wichern, sein Leben und Wirken."**)

Trotz aller Besonnenheit im Plan, trotz einer gründlichen Vorbereitung aller ihrer Mitarbeiter nach sorgfältiger Prüfung ihrer sittlichen Qualifikation, trotz der größten Erfolge auf allen einzelnen Gebieten der Wohlthätigkeit, trotz eines in ihrer Mitte ungewöhnlich entwickelten Organisations-Talentes hat die innere Mission noch nicht die Erfolge erzielt, die man hätte erwarten müssen und die ihr jeder Menschenfreund wünscht.

Eine Institution, die eine große Kultur-Arbeit zu bewältigen hat, bedarf der Mitwirkung des ganzen Volkes: Alle ihre Unternehmungen müssen durch das Vertrauen desselben gehoben und getragen werden. Nun ist dieses Vertrauen der inneren Mission nicht in dem Maaße zu Theil geworden, wie sie es verdient und wie es zur vollen Entfaltung

---

*) Leipzig 1883, Hinrichs'sche Buchhandlung.
**) Hamburg 1884, Agentur des Rauhen Hauses.

ihrer Kräfte nothwendig ist. Wenn ein solches Mißverhältniß zwischen Leistung und Vertrauen vorkommt, so besteht gewöhnlich ein Fehler in der Organisation und diesen aufzusuchen und zu erkennen hat die innere Mission keine Mühe gescheut und es an Selbstprüfung nicht fehlen lassen. Sollte es mir gelingen, zur Aufklärung dieser Verhältnisse ein wenig beizutragen, so würde mir das eine besondere Freude sein.

Die innere Mission hat ihre Aufgabe nicht erfüllen können, ohne die christliche Lehre in ihren Wirkungskreis zu ziehen; ich meine hiermit nicht die Lehre, wie sie in der großen pädagogischen Anstaltspflege der inneren Mission zu Tage tritt und in ihr innerstes Wesen aufgeht: ich meine die Lehre, wie sie in den Stadtmissionen und bei besonderen Gelegenheiten mehr oder weniger öffentlich sich geltend macht. Ich bin von der Ueberzeugung durchdrungen, daß es auf die Dauer ein völlig nutzloses Bemühen wäre, die Noth und das Elend zu bekämpfen, ohne zugleich an der sittlichen Hebung des Volkes zu arbeiten, ich glaube auch, daß die Herstellung sittlichen Lebens nicht möglich ist ohne die Erweckung religiösen Gefühles: Aber ebenso gewiß erscheint es mir, daß es schlechthin unmöglich ist, dieses verloren gegangene religiöse Gefühl auf andere Weise wieder zu beleben, als durch Werke der Liebe und Entsagung, daß hier die Lehre, das Wort allein nur geringen Werth hat, im Gegentheil häufig mißtrauisch macht und den Spott hervorruft: Die Lehre kann erst fruchtbaren Boden finden, wenn religiöse Motive überhaupt wieder aufgenommen und verstanden werden. Ich halte es für nothwendig, einfach, klar und bestimmt diesen Weg zu gehen: Durch die Liebe zur Lehre! Nun habe ich schon einmal ernst hervorgehoben, daß das Volk, selbst bei dem größten Indifferentismus gegen die Religion, doch eine Vereinigung von Liebesarbeit und Lehrthätigkeit nur bei einer unmittelbar kirchlichen Organisation begreift und versteht, daß es für die Lehrthätigkeit ein bestimmtes kirchliches Amt verlangt und jede, wenn auch sittlich noch so berechtigte Nebenströmung mit Mißtrauen aufnimmt.

Hier zeigt sich meines Erachtens eine Lücke in der Organisation: Es fehlt der inneren Mission die klare Stellung zur Kirche, es fehlt ihren Arbeitern das äußere kirchliche Amt: Daß dieses dem Volke höher steht als die sittliche Gediegenheit, ist traurig genug und beweist nur, wie widerspruchsvoll die Volksseele ist und welchen Widerstand sie oft dem besten Willen und der opferbereiten Schaffensfreude entgegensetzt.

Für den Einzelnen hat das keine Bedeutung; der Einzelne kann im ernsten Streben seinem Gewissen folgen, „er braucht sich nicht gebieten zu lassen von der Welt, was er für sie leisten soll", er kann sich mit der Mahnung unseres großen Lehrers*) trösten: „Laß dir keine Grenzen setzen in deiner Liebe, nicht Maaß, nicht Ort und Dauer; schäme dich, freier Geist, wenn das Eine in dir dienen sollte dem Andern; Nichts darf Mittel sein in dir, ist ja Eins so viel werth als das Andere". Bei einer großen Organisation, die eine gewaltige Verantwortung für das Ganze trägt, ist die Sache ganz anders: Hier entscheidet das Vertrauen des Volkes und die unbedingte Klarheit der Ziele.

Ich will hier sogleich noch einen nicht ganz untergeordneten Umstand berühren: Es ist der Name „Innere Mission". Der Name thut es freilich nicht, aber er ist auch nicht gleichgültig: Der Name soll die äußere Signatur des Wesens einer Sache sein: Hier handelt es sich doch in erster Linie um ein großes Rettungswerk an Elenden und Verlassenen, um eine große Liebesthat und nicht, wie der Name meist gedeutet wird, um ein Bekehrungswerk. Ich gehöre wahrlich nicht zu denen, die an dem Namen Anstoß nehmen, aber der

---

*) S. Schleiermacher: Monologen.

Einzelne kommt hier nicht in Betracht: so viel weiß ich bestimmt, daß der ganzen Institution durch die einseitige Auffassung des Namens der größte Schaden erwächst.

Eine weitere Ursache, warum die innere Mission nicht den allgemeinen Einfluß auf das Volk, dessen Elend und Sittenlosigkeit gehabt hat, liegt darin, daß sie bei ihrer Organisation nicht vermögend ist, dem allgemeinen Hülfs-Bedürfnisse — und das ist die vorbeugende Armenpflege — zu dienen: Die innere Mission leistet überall Großes, wo es gilt, „die Verwahrlosten und Verkommenen, die Gefallenen und Geächteten zu suchen und zu retten, die Gefährdeten zu sammeln und auf den rechten Weg zu leiten": was ihr aber nicht gelungen ist, das ist die dauernde Fühlung mit einer dauernden socialen Krankheit, das ist die organisirte und regelmäßige Liebesarbeit in der Gemeinde, in den Familien der Armen und wirthschaftlich gefährdeten Arbeiter, mit einem Wort: **ihre planmäßige Einreihung in den großen Organismus der Armenpflege:** Die Stadtmissionen, so Bedeutendes sie geleistet haben in unendlich mühsamem Kampfe, können diesem Mangel nicht abhelfen. Die Organisation der inneren Mission kann, wie sie jetzt ist, überhaupt der allgemeinen Aufgabe der vorbeugenden und erziehenden Armenpflege nicht genügen: Nun wäre eine weitere selbstständige Ausgestaltung der Organisation gewiß möglich, aber nicht ohne schwere Schädigung der Autorität der Kirche und das liegt der inneren Mission, besonders in der jetzigen Zeit, ganz fern: Es müssen daher unter allen Umständen die Wege gesucht werden, die in **Bezug auf die Gemeinde-Armenpflege eine völlige Vereinigung der inneren Mission mit der evangelischen Kirche** herbeiführen.

Ich möchte hier bei der Schwierigkeit der Verhältnisse an eine analoge Organisation anknüpfen und sagen, daß die innere Mission zur Kirche in ein ähnliches Verhältniß treten möchte, wie der Generalstab zur Armee: Die innere Mission wird die Schule der werkthätigen Liebe für die evangelische Kirche; durch diese Schule mit ihren Rettungsanstalten müssen alle diejenigen durchgehen oder wenigstens eine Lehrarbeit in derselben leisten, die zu einem verantwortlichen Amte in der Kirche berufen werden; die innere Mission muß ferner die Centralstelle für Plan und Rath in den durch die Kirche auszuführenden allgemeinen Aufgaben der Wohlthätigkeit werden.

Ich weiß nun wohl, daß eine feste Organisation mit einer bestimmenden Centralstelle dem evangelischen Geiste nicht entspricht, aber in einer so ernsten Zeit, in einer Nothlage, hängt doch so viel von einem gemeinschaftlichen Handeln ab, daß ein bestimmtes System und ein fester Plan nicht entbehrt werden können.

Wie im Großen und Einzelnen die Stellung der inneren Mission zur Kirchenverwaltung und zum Kirchenamt geordnet werden mag, so darf doch kein Zweifel darüber entstehen, daß in den Gemeinden jeder Unterschied ausgeglichen, daß hier die innere Mission in das Kirchen-Amt völlig aufgehen muß und daß auch in großen Städten keine Ausnahme Statt finden darf.

Denn in der Gemeinde muß der Aufbau christlichen Lebens und christlicher Liebe begonnen und durchgeführt werden und darf das Gemeindeleben nicht bei der äußeren Form stehen bleiben: in ihr muß der Mensch dem Menschen näher treten, in ihr muß die Gleichheit vor Gott zum Ausdruck kommen, hier muß die Liebe nicht nur durch äußere Thaten wirken, sondern durch herzliches Einvernehmen, freundschaftliches Gefühl und gegenseitiges Vertrauen.

Zum Aufbau eines solchen Gemeindelebens mitzuwirken ist die innere Mission durch ihre ganze Vergangenheit ganz besonders berufen; sie kann es aber nur, wenn sie voll und ganz in die Kirche aufgeht, die Kirche mit ihrem Wesen durchdringt und ein bestimmendes Organ derselben wird. Auf der anderen Seite liegt es so sehr im Interesse der Kirche, die innere Mission völlig in sich aufzunehmen, daß von dieser Seite keine Schwierigkeit zu erwarten ist: Denn ohne innere Mission kann die Kirche in der Gegenwart überhaupt ihre Aufgabe nicht erfüllen.

Die innere Mission muß durchaus aus ihrer unklaren Stellung herauskommen, die der vollen Entfaltung ihrer Kräfte hindernd entgegensteht, einer Stellung, in die sie gar nicht gekommen wäre, hätte man die Bedeutung ihres Stifters, Wichern's, von vornherein richtig erkannt: Es gehörte die ganze Schwäche der Initiative in unserer Kirche dazu, die diesen Mann, an Statt ihn als eine Säule christlichen Lebens hinzustellen, sich zersplittern ließ in einem aufreibenden Einzelkampfe mit Auswüchsen eines Nothstandes, den an der Wurzel anzufassen Niemand mehr geeignet war als er. Wer die Denkschrift*) liest, in der Wichern in Lapidarschrift seine Gedanken über die Erneuerung des christlichen Lebens niederlegte, wer die reformatorische Kraft, die Klarheit und die sittliche Energie desselben zu würdigen versteht, der muß bedauern, daß dieser Mann nicht zur vollen Bethätigung seiner Natur und seiner Kräfte gekommen ist.

Wenn wir der Kirche, dem Kirchen-Amte, der Kirchenverwaltung eine so große Bedeutung für die Entwicklung religiösen und sittlichen Lebens im Volke einräumen, so müssen wir auch erwarten, daß sie in vollem Maaße das wird, was sie sein soll: Das reine durchsichtige Gefäß für das kostbarste

---

*) „Die innere Mission der deutschen evangelischen Kirche." Eine Denkschrift an die deutsche Nation. 3. Auflage. Hamburg, Agentur des Rauhen Hauses.

Gut des Menschen, für die Religion, die christliche Liebe, den Glauben an eine göttliche Weltordnung, an die Vorsehung und an die höchsten Ideale, die den Menschen abziehen von den verderblichen Einflüssen der Selbstsucht und der Leidenschaften.

Die Kirche trägt eine große Verantwortung: Weniger, wie sich die Lehre, sondern wie sich das Leben in derselben gestaltet, wie die sittlichen Anschauungen in ihr zur Geltung kommen, ist die Frage, die fast mehr gilt, als die genaue Prüfung dessen, was sie an Werken der Liebe leistet: Im christlichen Leben muß sich die Kraft des Evangeliums zeigen; in ihm die sittliche Energie, die Ueberzeugungstreue und die reine Wahrheit zur Geltung kommen, die ganze Summe sittlicher Kräfte, die die Kirche in sich entwickelt hat: hier eröffnet sich für die evangelische Kirche eine Fülle reformatorischen Wirkens, hier tritt die Nichtigkeit des Autoritäts- und Buchstabenglaubens, des todten Formalismus, der Erstarrung der Lehre scharf hervor gegenüber dem Geiste der Wahrheit und der Duldung: im christlichen Leben allein wird der Werth der Kirche erkannt, hier liegt der Prüfstein, die ganze Bedeutung derselben für Gegenwart und Zukunft.

Ich gehe nun dazu über, die Beziehungen **der katholischen Kirche** und ihrer Liebeswerke zur leiblichen und sittlichen Noth des Volkes darzustellen.

Wenn aus den bisherigen Betrachtungen hervorgeht, daß die Entwicklung des religiösen und sittlichen Lebens der Menschheit die Bedeutung der Kirche ausmacht, so brauche ich nicht zu beweisen, daß ich jeder Kirche, jeder Confession den möglichst vollkommenen Ausbau ihrer Lehre und ihrer Einrichtungen wünsche und jeden Fortschritt mit Freuden begrüße, der zur Erreichung des Endzweckes beitragen kann.

Die katholische Kirche hat in ihrer äußeren Gestalt den großen Vorzug vor der evangelischen Kirche, daß in der Lehre, in den kirchlichen Einrichtungen, in der Stellung der Geistlichen, in der Verwaltung der Gnadenmittel, in der Organisation der Liebeswerke feste Regeln, Formen und Gesetze bestehen, die dem inneren Leben in der Kirchengemeinschaft eine gewisse Stetigkeit, Sicherheit und eine Beruhigung gewähren, die sich bei den Gläubigen auch in ihrem äußeren Verhalten geltend macht.

Durch Ausbildung der Kirche zu einer Gnadenanstalt und indem der ganze Kultus die Erhöhung des religiösen Gefühles erzielt, wird der reflektirende Verstand mehr und mehr aus dem Gemüthsleben ausgeschlossen und der ewige Kampf zwischen Zweifel und Glauben beseitigt. So erhält das innere Leben des frommen Katholiken einen Frieden und eine Heiterkeit, die uns namentlich bei den barmherzigen Schwestern so wohlthuend berührt.

Wo und wie ein solches Gefühl der Sicherheit unter dem Schutze und der Verantwortung der Kirche ausarten und gemißbraucht werden kann und muß, das zu erläutern steht mir hier nicht an; darauf aber muß ich mit vollem Ernste hinweisen, wie durch einen solchen Einfluß der Kirche das eigene sittliche Streben und der innere Kampf erlahmen müssen. Indessen hat es die Kirche bei ihrem großen Einflusse auf ihre Angehörigen doch immer in der Hand, eine Ausgleichung in diesen religiösen und sittlichen Beziehungen herbeizuführen und ist hier der individuellen Wirksamkeit des Geistlichen noch ein schönes Feld eröffnet.

Es ist dem Geiste dieser Arbeit nicht entsprechend, daß ich an die Grundanschauungen der katholischen Kirche irgend welche Zweifel erheben und Vergleiche mit der evangelischen Kirche anstellen sollte; ich muß mich auch enthalten, die Bedeutung des Dogma's für die Sittlichkeit des Volkes zu entwickeln:

Diese Fragen haben ein hohes doktrinäres Interesse, können aber, wie die Verhältnisse liegen, zu einem praktischen Resultate nicht führen.

Das feste Gefüge der katholischen Ordnungen schließt jede Schwankung aus: Frieden und ungestörte Entwicklung der Nächstenliebe und Barmherzigkeit könnte sie den Völkern gewähren, wenn sich nicht andauernd unruhige Strömungen geltend machten, die nie von dem treuen Volke, sondern immer von den höheren bestimmenden Kreisen ausgehen, nicht aus tiefen religiösen Motiven, sondern aus Ursachen, die die äußere Machtstellung der Kirche berühren; nicht aus Fragen des Gewissens, sondern aus Rücksichten der Weltklugheit.

Jedes Menschen Glauben zu achten und das innere Gefühl desselben in seiner angestammten Religion zu schonen, ist der erste Grundsatz der Menschlichkeit, der, allgemein zur Geltung gekommen, im Stande wäre, die Welt glücklich und zufrieden zu machen.

In der Befolgung dieses Fundamentalsatzes aller Sittlichkeit weicht die katholische Kirche in bedauerlicher Weise von der allgemeinen Stimme der Menschheit ab.

Wer die Geschichte der katholischen Kirche in den letzten 50 Jahren verfolgt hat, der wird mit tiefem Bedauern erkennen, wie sehr die liberalen und humanen Grundsätze, die bis Mitte des Jahrhunderts noch in derselben herrschend waren, mehr und mehr einer scharfen, unduldsamen und unversöhnlichen Stimmung Platz gemacht haben.

Mitte des Jahrhunderts konnten noch Katholiken und Protestanten gemeinsam an demselben Liebeswerke arbeiten, sich dem Glauben und der Hoffnung hingeben, daß, wenn auch nicht im Dogma, so doch wenigstens in der Lebensführung Gemeinsamkeit der Grundsätze erzielt werden könnte. Eine freie deutsche Richtung hatte sich in der katholischen Kirche geltend gemacht, die, ohne dem Gewissen der Gläubigen irgendwie zu nahe zu treten, für die Glaubensfreiheit und für ein freundliches Zusammengehen der verschiedenen Confessionen unter einander und mit der humanen Bildung des Jahrhunderts ernst und besonnen eintrat.

Wie wenig man aber in Rom gesonnen war, diesen gemäßigten, gewissermaßen nationalen Katholizismus zu dulden, zeigte sich darin, daß der Hauptvertreter dieser Richtung, der hochherzige Bisthumsverweser von Wessenberg in Konstanz verdrängt wurde. Von dieser Zeit an sagte sich die katholische Kirche, beherrscht von dem Ultramontanismus, mehr und mehr los von der Glaubens- und Gewissens-Freiheit und setzte sich in schroffen Gegensatz nicht nur zu den humanen Bestrebungen und zur Bildung unserer Zeit, sondern auch zur evangelischen Kirche.

Wie sich die ultramontane Richtung unter dem Einflusse des Dogma's von der Unfehlbarkeit des Papstes und einer mächtigen politischen Partei in Deutschland hat befestigen und weiter für die Kirche die höchste Entwicklung der äußeren Machtstellung hat gewinnen können, das ist eine wunderbare Thatsache, die in der Geschichte dereinst ihre Aufklärung finden wird.

Für uns ist dieser geschichtliche Vorgang von Bedeutung: Die Hoffnung, daß christliches Leben und christliche Liebesthätigkeit in beiden Kirchen gemeinsam mit den in der Humanität entwickelten sittlichen Kräften der Noth der Gegenwart entgegentreten würden, ist gebrochen, nicht für immer — nimmermehr — aber für lange Zeit. Noch mehr aber: Das einfache, reine, demüthige Evangelium der Liebe ist in diesen Vorgängen gar nicht wieder zu erkennen: „Friede auf Erden" heißt es in der großen Verkündigung und „mein Reich ist nicht von dieser Welt" und nun dieser Kampf um Macht und Einfluß, um irdische Güter? Und das zu einer Zeit, wo alle religiösen und sittlichen Kräfte zusammengehalten werden müssen im Widerstand gegen den sinnlichsten Materialismus und den gröbsten Atheismus!

Möge dereinst die Geschichte diese Fragen beantworten; so viel ist gewiß: dem äußeren Machtgebiete, welches die katholische Kirche gewonnen hat, steht gegenüber ein unermeßlicher Verlust an religiösem Gefühl im Volke, welches auch die ausgedehnte und wirksame Liebesthätigkeit der Kirche schwer wieder einbringen kann.

Die Wohlthätigkeitsbestrebungen der katholischen Kirche concentriren sich wesentlich in den Anstalten und in den Pflege-Orden. Während in der evangelischen Kirche ein besonderer Nachdruck auf die Erhaltung des Familienlebens der Armen gelegt wird, daher die Anstaltspflege zurücktritt, legt die katholische Kirche einen außerordentlichen Werth auf die Errichtung von Kranken-, Waisen-, Kinder- und Rettungshäusern aller Art und gibt es wohl keine Seite menschlichen Elendes, der nicht durch eine besondere Einrichtung Rechnung getragen würde. Als Beweis für diese umfangreiche Thätigkeit diene die Angabe, daß nach Uhlhorn im Jahre 1888 innerhalb des deutschen Reiches nicht weniger als 1906 Ordens-Niederlassungen bestanden.

Die katholische Kirche legt ja weniger Werth auf die Ausgestaltung des diesseitigen Lebens, des Berufes, der Arbeit und scheut sich daher viel weniger, bei Bekämpfung der Noth auch in das Familien-Leben einzugreifen, das Kranke, Unreine, Gebrechliche, Hülfsbedürftige aus demselben herauszuziehen.

Das Gemeindeleben in der katholischen Kirche ist noch vielfach äußerlich und kommt es bei Ausbildung desselben wesentlich auf die Individualität des Geistlichen an: Zwar sind auch in der katholischen Kirche in der neueren Zeit Einrichtungen entstanden, die einen festeren Zusammenhalt bekunden, namentlich die Gesellen-Vereine (von dem höchst verdienstvollen Kolping gegründet) Mädchen-Vereine und andere

Institutionen: aber im Wesentlichen ist die Verbindung der Gemeindeglieder, ebenso wie in der evangelischen Kirche, doch nur eine äußerliche: Ein wirksames, festes inniges Zusammenleben findet auch hier nicht Statt.

In einer solchen Gemeinschaft muß aber, wie ich früher bewiesen habe, der Grund der kirchlichen Armenpflege ruhen und daher kommt es, daß diese auch in der katholischen Kirche mehr auf die kirchlichen Organe, die Pfarrer und die Ordensleute angewiesen ist, als auf die thatkräftige Theilnahme der Gemeindeglieder. Zwar haben in neuerer Zeit zwei bedeutende und ausgezeichnet organisirte Vereine, der Vincentius-Verein und der Elisabeth-Verein allgemeine Ausdehnung erhalten, aber auch in diesen liegt der Schwerpunkt vielfach in den kirchlichen Organen.

Nun muß ich hervorheben, daß in der katholischen Kirche die Pfarrer sowohl wie die Ordensschwestern und die männlichen Ordensleute bei der Armen- und Krankenpflege mit einer Hingebung und Freudigkeit des Schaffens, mit einer Opferbereitschaft und einer vielfach praktischen Auffassung der Verhältnisse eingreifen, die Jeder auf das Höchste anerkennen wird, der im Leben steht. Der Priester, die Schwester kennt keine Gefahr, keine Bedenklichkeit, keine Rücksicht, wenn es gilt, den Kranken beizustehen und verdient es besonders hervorgehoben zu werden, daß in der Pflege die Armen unter allen Umständen den Vorzug haben. Zwar ist es nicht nur und nicht sowohl die körperliche Pflege, die den Priester, die Schwester zu den höchsten Leistungen anspornt: Es ist vielfach das Seelenheil des Kranken, welches sie im Auge haben: Aber das kann doch die Bedeutung der Liebesarbeit nur erhöhen: Wer, um dem Sterbenden den letzten Trost zu bringen, keine Gefahr scheut, der erfüllt seine Pflicht in vollem Maaße. Es steht mir völlig fern, die hohen Leistungen der Barmherzigkeit der katholischen Kirche auf ihre letzten sittlichen Motive zu prüfen: Vielfach kommt hier die hohe Auffassung des Opfers in Betracht; aber das Opfer hat auch eine hohe Bedeutung: es darf nur nicht — wie es nach dem Beispiele des Bischofs Borromäus von Mailand vielfach geschieht — gesucht werden; aber ebensowenig darf man ihm ausweichen, wenn es die Nächstenliebe verlangt: im Opfer liegt eine gewaltige versöhnende Kraft und ohne den Opfertod Christi gäbe es keine christliche Religion.

Ich halte es überhaupt nicht für gerecht, diejenigen, die Liebe unmittelbar üben, verantwortlich zu machen für allgemeine Motive der Kirche, die dem schlichten, opferwilligen Handeln meist gar nicht zum Bewußtsein kommen. Liegt doch auch in den alten Traditionen der Werkthätigkeit der katholischen Kirche neben der äußeren Form ein reicher Schatz von Erfahrung, von edlen Vorbildern und wirklicher Tüchtigkeit: Auch hier ist die einfache Hingebung, das Pflichtgefühl keine fremde Erscheinung, wenn diese Tugenden auch vielfach gehoben und getragen werden durch die Rücksicht auf das eigene Seelenheil und die Erhöhung des Ansehens der Kirche.

Wir müssen die Vorzüge der katholischen Liebesthätigkeit unbedingt anerkennen, so weit die persönliche Opferfreudigkeit und Hingebung in Betracht kommen; im Uebrigen können wir nur bedauern, daß die Kirche durch ihre schroffe Ablehnung aller Humanitätsbewegungen nicht nur ihren eigenen Liebeswerken schwere Hemmungen bereitet, sondern auch die allgemeinen Maßregeln zur Bekämpfung von Sittenlosigkeit und Elend in hohem Maaße beeinträchtigt.

Wir werden sehen, in wie besonnener und ausgedehnter Weise die Humanität der Noth und der Verkommenheit des Volkes zu wehren versteht in großen, gemeinsamen Organisationen, denen sich auch die Wohlthätigkeitsanstalten der evangelischen Kirche voll und ganz angeschlossen haben. Hier wird nicht nach der Confession gefragt. Die Katholiken sind in denselben gerade so vertreten, wie andere Confessionen. Die

Liebe kennt keinen Unterschied der Kirchen: die Liebe ist menschlich, ebenso wie die Noth und es ist geradezu traurig, daß die katholische Kirche mit ihrer reichen Begabung, mit ihren geübten und erfahrenen Kräften selbst in den Werken der Liebe ihren engherzigen Standpunkt nicht aufgeben kann. Welchen Eindruck muß ein solches Verhalten auf das Volk machen! Auch hier wieder ist die Intoleranz nicht nur eine Schädigung der Wohlthätigkeitsbestrebungen, sondern sie bedeutet einen wirklichen Verlust an religiösem Gefühl, der um so empfindlicher wirkt, als es gerade Sache der Kirche ist, die Humanität zu befruchten und in wohlthuender Weise zu beeinflussen, an Statt sie zu bekämpfen. Denn, sagt der sonst so glaubensstrenge Martensen*) in seiner christlichen Ethik, „daß die Kirche und Humanität an und für sich unversöhnbare Gegensätze sein sollen, ist undenkbar, da ja gerade die Kirche es ist, welche das wahre Humanitäts-Ideal in diese Welt eingeführt hat, nämlich durch ihre Verkündigung von Ihm, welcher des Menschen Sohn ist". Daß hierbei von der falschen Humanität keine Rede ist, die ihre unchristlichen und religionsfeindlichen Gesinnungen mit oberflächlicher Bildung zu verdecken sucht, versteht sich von selbst.

Wenn die katholische Kirche sich scheinbar mit Recht darauf beruft, daß sie allen Wandlungen der Zeit, allen Fortschritten der Wissenschaft, der ganzen großen Umwälzung in den Staats- und Rechtsverhältnissen unwandelbar gegenüber steht als ein ewig gleiches, starres Denkmal der Vergangenheit, so können wir in diesen Beziehungen nur die Schwäche, die Uneinigkeit und Unentschiedenheit beklagen, mit der unzweifelhaft sittliche Motive zur Geltung gebracht wurden gegenüber einer fast zweitausendjährigen Autorität und einer weltbeherrschenden Idee. Hierin liegt die Stärke der katholischen Kirche und wenn sie

---

*) s. Martensen. Die individuelle Ethik. 4. Auflage Band III. S. 378.

diese erhabene Idee selbst abgeschwächt hat, so ist das schon ein bemerkenswerthes Zeichen für die Zukunft.

Thatsächlich machen sich gegen die Aufhebung der inneren Freiheit und Selbstbestimmung, die in der katholischen Erziehung der Menschheit so scharf hervortritt, schon längst Gegenströmungen bemerkbar und keineswegs zeigen sich in der Lebensführung der Katholiken so schroffe Gegensätze zu Andersgläubigen und zur humanen Bildung, wie man befürchten mußte: Die Gemeinsamkeit der menschlichen Interessen, der bürgerlichen Sorgen und Pflichten ist doch ein so starkes Band; die Macht der Ideale, der Genossenschaft, der Vaterlandsliebe und der Freundschaft so vorherrschend, daß einseitige kirchliche Forderungen durch das Leben ausgeglichen werden und ein allgemeines Verlangen nach religiösem Frieden die Gemüther beherrscht.

Zum Schlusse muß ich auch hier wieder aussprechen, daß nicht sowohl die Werkthätigkeit entscheidend ist für die Bedeutung der Kirche als sittlicher Bildungsanstalt, sondern vielmehr die Summe der sittlichen Kräfte, die sie zu entwickeln im Stande ist, die Lebensführung in der Kirche und der Einfluß derselben auf die sittliche Hebung des Volkes.

Möge die katholische Kirche nach dieser Richtung hin ihre hervorragende Kraft und ihre bewährte Organisation wenden: Dann werden auch die opfervollen Leistungen ihrer Armen- und Krankenpflege nicht vergebens sein, sondern eine Saat, die, wenn sie reifen wird am Tage der Versöhnung, uns als höchste Frucht der Menschenliebe bringen wird: Duldung und Frieden.

Bei Beurtheilung des Einflusses der verschiedenen Kirchen auf die Sittlichkeit des Volkes die **Stellung des Judenthums** zu würdigen, ist nicht nur Pflicht der Gerechtigkeit und Billigkeit:

die Ignorirung eines so wichtigen Kultur-Elementes ist in unserer Zeit völlig unmöglich und in der vorliegenden Frage schon aus dem Grunde verwerflich, weil zu keiner Zeit eine Gesetzgebung bestanden hat, die den Armen und wirthschaftlich Schwachen eine so liebevolle Fürsorge zuwendet, wie die Gesetzgebung Israels. Hier sind bis in's Kleinste die Vorbeugungsmaßregeln gegen Verarmung mit einer bewunderungswürdigen Klarheit bestimmt und treten uns Grundsätze in der Behandlung humaner Fragen fertig entgegen, die zum Theil erst in der neuesten Zeit durch herbe Erfahrungen wiedergewonnen wurden. — „Verflucht sei, der das Recht des Fremdlings, der Waise und der Wittwe beugt und alles Volk spreche: Amen." „Wittwen und Waisen sollt ihr durchaus nicht demüthigen." „Wenn du auf deinem Felde Ernte hältst und vergissest eine Garbe auf dem Felde, so kehre nicht um, sie zu holen: sie gehört dem Fremdling, der Waise und der Wittwe, damit Jehovah dein Gott dich segne."

Der Oelbaum soll nicht nachgeschüttelt, der Weinberg nicht nachgelesen werden; das gehört den Armen. Wucher ist strenge verboten; das Geliehene muß im Sabbathjahre erlassen werden.

„Den armen und dürftigen Taglöhner, sei er aus deinen Brüdern oder aus deinen Fremdlingen, darfst du nicht bedrücken; am gleichen Tage sollst du ihm seinen Lohn geben, denn er ist arm und sehnt sich in seinem Herzen darnach, daß er nicht Jehovah gegen dich anrufe."

Besonderen Schutz genießt der Fremdling: „Den Fremdling sollst du nicht bedrängen und bedrücken, denn Ihr seid Fremdlinge im Lande Aegypten gewesen."

„Einerlei Gesetz sei dem Einheimischen und dem Fremdling, der unter Euch wohnt."

Niemals ist einem Volke eine so groß angelegte Gesetzgebung zu Theil geworden: Alles ist klar und bestimmt; alle

Verhältnisse sind vorgesehen. „Man hat dir gesagt, o Mensch was gut ist und was Jehovah von dir fordert: Nichts als Recht üben, Menschenliebe pflegen und gebeugt wandeln vor deinem Gott."

Die Gewalt dieses Gesetzes ist eine so bedeutende, daß die Frage wohl berechtigt ist, die Professor Oettli*) in Bern aufwirft, „ob nicht der Geist der israelitischen Gesetzgebung mächtig wäre, die tiefe sociale Kluft unserer Tage auszufüllen, wenn wir ihr den gebührenden Einfluß auf unsere Rechtsbildung, und, was noch wichtiger, auf unser praktisches Verhalten einräumten."

Dennoch ist diese Gesetzgebung zu keiner Zeit in das Wesen des Volkes eingedrungen und dieselben Klagen, die in so beweglicher Weise namentlich von den Propheten Jesaias und Hosea geführt werden über die egoistischen Neigungen des Volkes Israel, bilden auch heute noch den Gegenstand des Kummers und der Sorgen Seitens der Edlen im Volke.

Wenn ich an dieser Stelle auf diese Frage eingehe, so versteht es sich wohl von selbst, daß von einer Bekämpfung oder Verfolgung des Judenthums ganz und gar keine Rede sein kann; im Gegentheil: Gerade dieser an und für sich und vom christlichen Standpunkte aus besonders verwerfliche Kampf scheint mir eine dauernde Quelle unsittlicher Regungen in den unteren Klassen des Volkes zu sein und darum muß er in unserer aufgeregten Zeit unter allen Umständen beendet werden. Nicht das Judenthum zu bekämpfen, sondern die zahlreichen edlen Elemente desselben zu unterstützen in ihrer furchtbar schweren Aufgabe, den National-Egoismus, die Intoleranz und den seit Jahrtausenden genährten

---

*) S. „Statistisches Jahrbuch der Schweizerischen Eidgenossenschaft", herausgegeben von Dr. Karl Hilty. Fünfter Jahrgang. 1890. S. 257.

Haß des Judenthums gegen das Christenthum auszurotten, das ist die sittliche Aufgabe der Gegenwart.

Die Lage ist eine ebenso ernste wie schwierige: Wir sehen das Volk Israel in zwei verschiedene Richtungen auseinandergehen: die eine, orthodoxe, hält starr an den Gebräuchen und an dem Glauben der Väter fest, ohne immer den sittlichen Anforderungen des Gesetzes nachzukommen. In diesem strenggläubigen Judenthum finden wir — das müssen wir voll anerkennen — einen besonders tüchtigen Kern achtungswerther, tugendhafter, vielfach ehrwürdiger Gesinnung und Lebensführung und kommen hier zahlreiche Beispiele der höchsten Pflichttreue, der Aufopferung und uneigennütziger Hingabe für die allgemeine Wohlfahrt vor: Leider ist aber das Bild der Israeliten häufig ein ganz anderes: Im ganzen Lande zerstreut, stehen sie — ein Volk im Volke — im vollen Gegensatze zu den Sitten, Gewohnheiten und Anschauungen des deutschen Volkes und, den alten Haß wie ein frommes Vermächtniß in sich tragend, unantastbar in ihrem Familienleben, nüchtern und überlegend, schlagen sie durch das einseitige, von Geschlecht zu Geschlecht sich weiter ausbildende Erwerbsleben dem Volkswohlstande und dem Rechtsbewußtsein tiefe Wunden.

Die andere Richtung im Volke Israel hat mit der Zeit in der dauernden Berührung mit den mächtigen Anregungen des Christenthums und unter dem Einflusse der allgemeinen Bildung zunächst dem Formalismus des äußeren Kultus ihrer Religion mehr und mehr entsagt und eine Reform=Kirche gebildet, in der nur theilweise die alten Ueberlieferungen aufrecht erhalten werden: Ein großer Theil der gebildeten Israeliten ist einem Indifferentismus anheimgefallen, in dem ihnen für den vielfach aufgegebenen Schatz der Gesetzgebung kein Ersatz geboten wird, in dem sich auch keine unmittelbare Einwirkung bestimmter sittlicher Grundsätze geltend macht; ein anderer Theil hat sich in seinen Anschauungen der allgemeinen christlich-humanen Bildung angeschlossen; die vorgeschrittendsten Elemente des Volkes Israel sind aber weiter gegangen und haben an der Hand ihres großen Weltweisen Spinoza eine philosophisch-religiöse Auffassung gewonnen, die als letztes Resultat und einzige Rettung des Volkes Israels aus seiner Isolirung und seinem verderblichen National-Egoismus **den Glauben an Jesus Christus** erkennt. Ich kann dieser Entwicklung der religiösen Verhältnisse nicht auf ihren letzten Grund folgen: Dieselbe ist in einer ausgezeichneten Arbeit*) von Dr. Alfred Kalischer: „**Benedikt von Spinoza's Stellung zum Judenthum und Christenthum**" mit großer Sachkenntniß, Besonnenheit und einer idealen Auffassung der Verhältnisse dargelegt worden und besonders hervorgehoben, wie schwierig die Entfesselung des Mosaismus von seiner uralten Nationalität ist, weil bei ihm das Nationalitätsprincip zum religiösen Dogma geworden und sogar der Haß gegen alles Fremde in der Frömmigkeit begründet ist.

Daß diese große Reform innerhalb der israelitischen Kirche von dem Christenthum mit aller Macht unterstützt werden muß, ist unbedingt zu bejahen.

Ich weiß nun nicht, welche Maaßregeln diese vorgeschrittene Richtung getroffen hat, um ihren großen Ideen Geltung zu verschaffen, ich weiß auch nicht, ob das Judenthum überhaupt hervorragende reformatorische Kräfte in sich trägt: Es hat niemals eine völkererziehende Mission ausgeübt, so oft sich auch

---

*) S. deutsche Zeit- und Streitfragen, herausgegeben von Franz von Holtzendorff. Jahrgang XIII. Heft 193—194. Berlin 1884. Der Besorgniß des Herrn Verfassers gegenüber, daß Spinoza nicht allgemein als Autorität anerkannt werden möchte, führe ich das gewiß maßgebende Urtheil Schleiermacher's an: „an ihm schaut die Kraft der Begeisterung und die Besonnenheit eines frommen Gemüthes und bekennt, wenn die Weltweisen werden religiös sein und Gott suchen, wie Spinoza, dann wird eine neue Zeit anbrechen für den Glauben, wie für die Wissenschaft."

die Gelegenheit bot. Jedenfalls würden sich aber die Kräfte finden und üben, da es dem Judenthum weder an Bildung noch an sittlichen Motiven fehlt. Unter allen Umständen gilt es, Anstalt zu treffen, die herrlichen Ideen auszuführen, damit sie nicht wieder der Vergessenheit anheimfallen.

Es ist aber nicht außer Acht zu lassen, daß außer den großen religiösen Fragen, die zum Theil erst in ferner Zukunft ihrer Lösung harren, eine unmittelbar dringende und praktische Aufgabe zu erfüllen ist, um das Volk Israel aus seinem Gegensatze zum deutschen Volke herauszureißen. Auf christlicher Seite gilt es hier vor Allem, in jeder Weise Duldung zu üben und sich vorzusehen, daß das Volk Israel nicht in eine Art Nothwehr getrieben wird, die den allerbedenklichsten Gebrauch und Mißbrauch der Kräfte und eine völlige Verkehrung sittlicher Vorstellungen in sich begreift.

Es liegt hier für die Gegenwart noch eine große Kultur-Arbeit vor: Im Wesentlichen muß dieselbe vom Volke Israel selbst geleistet werden.

Daß neue Formen geschaffen werden müssen, in denen ein neuer Geist, die Liebe, sich mächtig entfalten kann, ist mir zweifellos: Denn wenn eine Kirche nicht im Stande gewesen ist, einer so großen, humanen Gesetzgebung, wie sie das Volk Israel besitzt, Anerkennung zu verschaffen, so müssen doch Fehler in der Handhabung des Gesetzes vorliegen: Es muß an Kirchenzucht, an der Beeinflussung der Lebensführung durch das Gesetz gefehlt haben.

Es ist nun, wie die Verhältnisse liegen, auf der einen Seite ein großer Widerstand gegen alle Reformen bei den orthodoxen Juden zu erwarten; auf der anderen Seite besteht die große Gefahr, daß die freier Denkenden sich mit der Zeit völlig abwenden von ihren streng gläubigen Stammesgenossen. Das wäre ein großes Unglück: denn bei der gegenwärtigen schwierigen Lage ist es durchaus nothwendig, daß sich das

Judenthum in seiner Gesammtheit aufrafft und eine kräftige Organisation herstellt, die außer der religiösen Frage auch die praktisch-sociale in die Hand nimmt: In ersterer Beziehung kommt es darauf an, dem Volke Israel in allen seinen Theilen und nicht allein in den gebildeten Kreisen, das Christenthum in seinem wahren Wesen zu zeigen. Zu diesem Zwecke ist doch eine Unterweisung, ein Unterricht erforderlich: Hier müßte eine Art innerer Mission mit tüchtigen Lehrkräften organisirt, es müßten Schriften verbreitet und erklärt werden, die die bestehenden Mißverhältnisse und die unmittelbaren Beziehungen des Judenthums zum Christenthum scharf hervorheben: besondere Schulen, Vorträge, überhaupt eine ganze Reihe reformatorischer Maßregeln müßten hier Platz greifen.

Nach der socialen Richtung hin muß die einseitige krankhafte Erwerbssucht der Stammesgenossen bekämpft werden durch strenge Geltendmachung der Vorschriften des Gesetzes, durch eine scharfe Aufsicht und durch alle Maaßregeln einer geordneten Kirchenzucht. Aber das genügt nicht: das jüdische Volk muß auch in seinen unteren Schichten voll und ganz in die allgemeine Lebensführung des deutschen Volkes eingeführt werden: Es muß arbeiten lernen, richtig arbeiten, mit der Schaufel, dem Hammer, an der Drehbank und in den Werkstätten; es muß die Hand an den Pflug legen, es muß ein Handwerk treiben, eine Kunst.

Auch hier wird nur durch eine kräftige gemeinsame Organisation und eine richtig geleitete Reform-Arbeit ein Erfolg zu erzielen sein: Vorurtheile müssen bekämpft, es müssen besondere Anstalten für Handwerker eingerichtet werden, es müßte Alles geschehen, um diesen Uebergang eines fast ausschließlich handeltreibenden Volkes in ein Volk der Arbeit zu erleichtern.

Wenn auch in Jahren die religiösen Reformen Erfolg haben sollten: Die Lehre thut es allein nicht — das lernen wir von Niemandem besser wie von Spinoza —: Die ganze Lebensführung, das Handeln ist entscheidend.

Auch müssen wir bei der Erziehung des Volkes noch andere Ideale geltend machen, die geeignet sind, eine Versöhnung herbeizuführen: Das gemeinsame Vaterland, Freundschaft, Nächstenliebe. Diese edlen Beziehungen können aber keine Kraft gewinnen, wenn nicht der rücksichtslose Egoismus bekämpft wird und das opferbereite Handeln für die Gemeinschaft überall hervortritt. In dieser Beziehung sind nun die gemeinsamen Wohlthätigkeitsbestrebungen*) eine ausgezeichnete Schule, in die ja, wie wir mit Freuden anerkennen, die gebildeten Elemente der Israeliten schon längst eingetreten sind, nicht nur mit ihren Mitteln, sondern auch mit Rath und That. Ich erinnere hier nur an den hochverdienten W. Straßmann, der die erste Anregung zur Beseitigung der Bettelei gab und hierdurch erst den Grund zu einer geordneten Armenpflege legte.

Ich kann hier auf die vielfachen Beziehungen, die in der öffentlichen Wohlfahrt, im Staate, in der Gemeinde ein gemeinsames Handeln ermöglichen, nicht weiter eingehen: Mögen überall, wo sich die Gelegenheit findet, Uneigennützigkeit und Nächstenliebe geübt werden: Das ist, meine ich, das wichtigste Bindemittel.

Wenn erst das Judenthum voll aufgegangen sein wird im deutschen Leben, in Gebräuchen und Sitten, wenn es den Freuden und Leiden des Volkes nicht mehr kalt gegenüber steht, wenn es seine Arbeit und seine Sorgen theilt, dann

---

*) Der besonderen Wohlthätigkeit und völlig geordneten Armenpflege der Israeliten unter ihren Glaubensgenossen brauche ich hier nicht zu gedenken: Dieselbe ist in jeder Beziehung tadellos: Kein Jude hungert, bettelt, kein Jude braucht zu verkommen: Ueberall findet er eine offene Thür und freigebige Hände.

werden auf der einen Seite die sittlichen Motive des christlichen Lebens richtig erkannt werden, auf der andern Seite die hohe Bedeutung des Gesetzes; dann erst kann Vertrauen einkehren und das alte Testament befreit werden von den Banden der Nationalität. Dann erst werden die gewaltigen ethischen Kräfte, die in dem Judenthum und namentlich in dem Gesetze Israels liegen — Kräfte, die bisher vielfach unnütz verloren gingen und sich aufrieben im Kampfe der Leidenschaften — in wahrhaft humanem Sinne verwerthet werden zu gemeinsamer Arbeit für Menschenwohl und Völkerfrieden.

Ich habe versucht, in der vorausgegangenen Darstellung die sittlichen Kräfte zu prüfen, die in der Kirche sowohl, wie in der Humanität hervortreten: Wenn ich nun dazu übergehe, die Wohlthätigkeitsbestrebungen der Gegenwart in ihrer Bedeutung für Noth und Elend darzustellen, so liegt es dem Zwecke dieser Arbeit völlig fern, irgend eine Vollständigkeit im Einzelnen zu erreichen: es handelt sich vielmehr darum, die sittlichen Grundlagen und Ziele der Wohlfahrtseinrichtungen unserer Zeit in ihren wichtigsten Beziehungen zu kennzeichnen und an hervorragenden Beispielen zu erläutern. Hierbei würde die Masse des Materials nur verwirrend wirken.

Die Wohlthätigkeit ist ein erhaltendes, belebendes und erziehendes Element in unserem Volksleben geworden und stellt hier, richtig und besonnen ausgeübt, ein wichtiges Gegengewicht gegen die vielfach oberflächliche Lebensführung der besitzenden Stände dar.

Mit besonderer Sorgfalt nimmt sich die Wohlthätigkeit der Erziehung der Kinder an, der Fürsorge für ihr leibliches Gedeihen und ihre geistige Ausbildung. Aus diesen Bestrebungen gehen die Kinderkrippen, die Kinderheime, die

Allgemeine Fürsorge für arme Kinder.

Kinderbewahranstalten, die Kinderschulen hervor und eine ganze Reihe von besonderen Institutionen, die beweisen, mit welcher Liebe gerade diese Seite des Wohlthuns gepflegt wird. Hier schließen sich auch die zahlreichen Anstalten der katholischen Kirche, wie der inneren Mission an, die durch ihre Schwestern und Brüder nicht nur für die Krankheiten und Gebrechen der Kinder, sondern auch für die Behütung und Erziehung derselben vortreffliche Einrichtungen getroffen haben.

Zu einer allgemeinen Bedeutung haben sich die Organisationen der Ferien-Kolonieen und der Heilstätten für die Sommerpflege armer Kinder in Soolbädern und an der See erhoben. Diese unmittelbare Fürsorge für die Kinderwelt ist wohl diejenige Aeußerung der Humanität, die die allgemeinste Sympathie und ein besonderes Verständniß findet: Nicht nur fühlt sich jeder einigermaßen Wohlhabende gedrungen, seinem Dankgefühle für das Wohl und die Gesundheit der eigenen Kinder einen besonderen Ausdruck zu geben: Das Gemüth wird auch durch die hier unmittelbar hervortretende Wirkung des Wohlthuns auf das Angenehmste berührt. Dennoch tritt für eine besonnene Leitung dieser Wohlthätigkeit immer wieder das Bedenken hervor, ob das Familien-Leben der Armen und das Pflichtgefühl der Eltern für ihre Kinder durch solche immerhin künstliche Gemeinschaften auch nicht geschädigt und dadurch die sittliche Bedeutung der Wohlthätigkeit abgeschwächt, ja in ihr Gegentheil verkehrt werden könne. In jedem einzelnen Falle muß hier eine sorgfältige Prüfung der Verhältnisse Statt finden und, wo es möglich ist, durch geeignete Maaßregeln und Unterstützung der Eltern die eigene Kinderpflege angestrebt werden. Wir müssen anerkennen, daß in dieser Beziehung in Deutschland mit großer Umsicht vorgegangen wird; hat doch auch in unseren Augen die Erziehungsfrage für den Aufbau einer besseren Zukunft die allergrößeste Bedeutung: Nicht spurlos sind an uns vorübergegangen die mächtigen Anregungen Heinrich

Pestalozzi's und Friedrich Fröbel's und unvergessen werden die Worte bleiben, die Pestalozzi*) dem in die Welt tretenden Kinde in den Mund legt: „Ich kann meine Unschuld, meine Liebe, meinen Gehorsam nur an Deiner Seite erhalten. Mutter! hast du noch eine Hand, hast du noch ein Herz für mich, so laß mich nicht von dir weichen; heilige du mir den Uebergang zu dieser Welt durch die Erhaltung deines Herzens."

Bei sorgfältiger Erwägung aller hier maßgebenden praktischen und sittlichen Motive haben sich die eingeschlagenen Wege der Wohlthätigkeit für die Kinder als die segensreichsten herausgestellt.

Ich möchte die Verhältnisse, die hier in Betracht kommen, an dem Beispiele der Entstehung und Entwicklung der Sommerpflege armer kränklicher Kinder klar legen; tritt hier doch auch recht deutlich hervor, wie die Wohlthätigkeitsanstalten sich bei uns vertiefen, in der Organisation befestigen und wie immer weitere Kreise in dieselben hineingezogen werden, nicht nur von Wohlthätern, sondern auch von wirklichen Arbeitern. Ich wähle dieses Beispiel um so lieber, als von dem berufenen Vertreter dieses wichtigen Zweiges der Kinderpflege, dem verdienten Stadtrath Nöstel, die ethischen Bedenken und die nothwendigen Grenzen der Fürsorge für arme und kranke Kinder außerhalb der Familie strenge hervorgehoben und geprüft werden.

Wie rasch der in der Sommerpflege armer Kinder hervortretende Gedanke sich ausgebildet hat, geht aus dem Berichte hervor, den Nöstel dem deutschen Vereine für Armenpflege und Wohlthätigkeit erstattete: Nachdem diese Frage im Jahre 1876 durch den Pfarrer Bion in Zürich angeregt worden war, konnten im Jahre 1888 schon aus 77 deutschen Städten 2688 Kinder in Familien, 5457 in Voll-Kolonieen, 5162 Kinder

---

*) Wie Gertrud ihre Kinder erzieht. Kleine Ausgabe S. 194.

in Halb-Kolonieen und Milchstationen verpflegt werden. Aehnliche Fortschritte sind in der Behandlung der kränkeren Kinder in den Kinderheilstätten der Sool- und Seebäder gemacht worden. In 26 Kurhäusern an Soolbädern wurden im Jahre 1888 verpflegt 5623, in 8 Heilstätten an Seebädern 1371 kranke Kinder. Ich füge noch hinzu, daß die erste Soolbade-Anstalt für arme Kinder bereits im Jahre 1862 von Dr. Werner in Jagstfeld begründet wurde und daß in diese Anstaltsbehandlung sowohl die innere Mission als die katholische Kirche mit vollem Verständniß ihrer Bedeutung eingreifen. In den meisten Vereinen für Sommerpflege armer Kinder ist das Bestreben vorhanden, dauernde Einrichtungen zu schaffen, eigene Ferien-Häuser zu bauen und besondere Kinderheilstätten zu errichten.

Es ist eine Freude, solche Resultate der Wohlthätigkeit anzuführen, die sich in den letzten Jahren noch bedeutend gesteigert haben.

Ich erkenne die ethische Bedeutung der Sommerpflege mit Röstel nicht zum wenigsten in dem Sonnenblick, der in die Herzen der armen Kinder fällt, in dem Einfluß einer frischen äußeren und geistigen Athmosphäre: Die Seele wird doch einmal entlastet und der Körper befreit von dem ewigen Druck und Zwang des Elends, der auf die Dauer tödtet. Niemand weiß diese Bedeutung mehr zu schätzen, wie der Arzt: Lange wird ein Verband ertragen, wenn er zeitweise gelockert wird, lange wird die Elasticität der Gewebe erhalten, wenn zeitweise die Spannung nachläßt.

Wie ein belebender Hauch wirkt die Sommerfrische auf die bedrückten Gemüther. Diese Wirkung ist ausreichend, um den Wunsch und die Nothwendigkeit einer möglichst großen Ausdehnung und Vertiefung der Sommerpflege zu motiviren. Selbstverständlich muß jede Verwöhnung und Verweichlichung vermieden, die Kinder müssen auch vor jeder Schaustellung bewahrt bleiben. Auf den Grund der socialen Krankheit kommen wir auch mit dieser wohlthätigen Einrichtung nicht: aber wir erhalten die körperliche und geistige Lebenskraft bis auf die Zeit, wo es, wie wir hoffen, gelingen wird, das Elend an der Wurzel anzugreifen.

Die innere Mission hat durch ein besonderes Sendschreiben die Sommer-Erholung armer Kinder dringend empfohlen, mit dem ernsten Hinweis, wie wichtig es ist, bei dieser Arbeit Alles zu vermeiden, was in den bedürftigen Herzen Begehrlichkeit nach Genuß und Unzufriedenheit mit ihrer äußeren Lage erzeugen kann.

Auch über die Sommerpflege hinaus geht an vielen Orten die Fürsorge für die armen und kranken Kinder und mit Recht bemerkt Röstel, daß durch die Pflege-Vereine sich das Auge geschärft hat für Nothstände, die man bis dahin gar nicht erkannt hatte. Wie eine Kette hängen alle Wohlthätigkeits-bestrebungen zusammen; ein Ring greift in den andern, eine Anregung erzeugt eine neue: So ist auch hier durch Erweiterung und Ausgestaltung der ursprünglichen Idee und durch die Anlehnung der „Centralstelle der Vereine für Sommerpflege" an den „Verein für häusliche Gesundheits-Pflege" noch manche Frucht der Menschenliebe zu erwarten.

Gestützt und gehoben werden alle diese Bestrebungen durch ein gemeinsames Organ, die in Bremen erscheinende Wochenschrift „Nordwest", die sich zu einem geistigen Sammelpunkt für alle Wohlfahrts-Bestrebungen in Deutschland herausgebildet hat.

An die Sommerpflege für arme Kinder schließt sich die Fürsorge für arme Erwachsene an, für Arbeiterinnen, die unter unausgesetzten Anstrengungen dem Siechthum zu verfallen drohen, für Reconvalescenten, die noch zu schwach und kraftlos zum Arbeiten sind; als Beispiel einer solchen Liebesthätigkeit nenne ich den Frauen-Verein „Edelweiß", der im Jahre 1889 254 arme Arbeiterinnen in dieser Weise verpflegte, nachdem er bereits 240 Kindern die nöthige Sommer-Erholung verschafft hatte. Die Leistungen Einzelner nach dieser Richtung hin entziehen sich jeder genaueren Angabe, sind aber namentlich Seitens wohlthätiger Arbeitgeber sehr erhebliche.

Wohl in keinem Lande haben die Bestrebungen weiter Kreise für die Erziehung der Kinder und die tüchtige Vorbildung derselben für das Leben so rasch und tief Wurzel gefaßt, wie in Deutschland: die Knaben- und Mädchenhorte haben eine hervorragend sittliche Bedeutung und setzen sich in einer Reihe von Zwischenstufen auf der einen Seite in die Vereine für erziehende Handarbeit, in die Bildungs-, Jünglings-, Gesellen-Vereine, auf der anderen Seite in die hochwichtigen Bestrebungen für die hauswirthschaftliche Ausbildung junger Mädchen fort.

Hier treffen wir einen Kernpunkt der ganzen Wohlthätigkeitsfrage, hier lernen wir eine Reihe von Einrichtungen kennen, deren Bedeutung für die Wohlfahrt der Arbeiter, für die Erziehung und sittliche Entwicklung der armen Mädchen unsere deutschen Frauen sofort erkannt und gewürdigt haben, deren Folge eine ganz neue und unerwartete Entwicklung der Vereins-Thätigkeit unserer Zeit war.

Die deutschen Frauen, an ihrer Spitze die unvergeßliche hochselige Kaiserin Augusta, haben hier, unter Beistand thatkräftiger Männer, mit Besonnenheit, Umsicht und einem außerordentlich praktischen Verständnisse eine der wichtigsten Aufgaben der erhaltenden und vorbeugenden Liebe in die Hand genommen und mit einem Ernste durchgeführt, der mehr als alle Demonstrationen beweist, daß die deutschen Frauen auch außerhalb des Hauses und der Familie, außerhalb ihres eigentlichen Berufes eine selbstständige Stellung in der großen Organisation der Arbeit und des Erwerbes, des bürgerlichen Lebens und des Kampfes um's Dasein einzunehmen den Muth und die Kraft haben.

Für die Beurtheilung dieser in die Lebensführung der arbeitenden Klassen so eingreifenden Frage der hauswirthschaftlichen Erziehung junger Mädchen liegen so gründliche, den Gegenstand erschöpfende Verhandlungen, Berichte, selbstständige Arbeiten und, was noch mehr werth ist, so viele Erfahrungen namentlich aus dem Kreise der Arbeitgeber vor, daß von einer vorübergehenden und zufälligen Strömung der Wohlthätigkeit keine Rede sein kann: Hier herrscht überall Plan, Verständniß, Ueberlegung.

Nachdem schon von wohlwollenden Arbeitgebern, von Gemeinden und Vereinen die Wichtigkeit dieser Angelegenheit erkannt und entsprechende Einrichtungen getroffen waren, richtete die hochselige Kaiserin Augusta Anfang des Jahres 1888 in weiser Erkenntniß, daß diese Fragen möglichst allgemein bearbeitet und zu einer festen praktischen Organisation ausgestaltet werden müßten, an den deutschen Verein für Armenpflege und Wohlthätigkeit und an die deutschen Frauen-Vereine die Aufforderung, sich dieser Aufgabe zu unterziehen.

In Folge dessen erstattete zunächst der hochverdiente Oberbürgermeister Ohly in Darmstadt ein außerordentlich werthvolles Referat (Schriften des deutschen Vereins für Armenpflege und Wohlthätigkeit 6. Heft), auf Grund dessen im Sommer 1888 der deutsche Verein für Armenpflege in seiner Jahres-Versammlung eine aus Männern und Frauen zusammengesetzte Kommission bestellte, die den Beschluß faßte: „es solle eine kurze, systematische, ganz objective Beschreibung der im In- und Auslande schon bestehenden und bereits bewährten Vorkehrungen zur hauswirthschaftlichen Ausbildung der Mädchen der arbeitenden Klassen verfaßt und veröffentlicht werden."

In Folge dessen entstand die Schrift von Kalle und Kamp „Die hauswirthschaftliche Unterweisung armer Mädchen", Wiesbaden bei Bergmann.

Diese Schrift ist ein ehrendes Zeugniß der Humanität

unserer Zeit, zugleich ein Beweis, wie gründlich und gewissenhaft, ja wie wissenschaftlich bei uns solche Fragen behandelt werden; ein hoffnungsvolles Zeichen dafür, daß die Gegenwart noch Kräfte zu Tage fördert, die, richtig geleitet, wohl geeignet sind, den zerrüttenden Einflüssen, die unseren Arbeiterstand beherrschen, entgegenzutreten. Auch das oben genannte Werk von Post ist nach dieser Richtung hin von der größten Bedeutung, nicht minder die Schrift von Maria Weber „Die hauswirthschaftliche Ausbildung der Mädchen der weniger bemittelten Klassen", das Buch von Luise Büchner „Die Frauen und ihr Beruf", die Arbeit des überall bewährten Victor Böhmert „Die hauswirthschaftliche Erziehung des weiblichen Geschlechts" und viele andere Schriften: Eine ernste Literatur knüpft sich an diesen Gegenstand, der sich immer mehr vertieft und die ganze Lebenshaltung der Arbeiter-Familien in sein Bereich zieht. Aus den hierauf bezüglichen Schriften eine Auswahl zu treffen, ist schwer; Ich führe hier nur noch die Abhandlung von Mehner an „Der Haushalt einer Leipziger Arbeiter-Familie", den Aufsatz im „Nordwest" Nr. 22 1890 „Frankfurter Arbeiter-Budgets" und vor allen das von dem Vereine „Volkswohl" herausgegebene Büchlein „Wegweiser zum häuslichen Glück", Leipzig bei Riffarth.

Auf die außerordentlich mannichfaltige Ausführung der hauswirthschaftlichen Ausbildung der Mädchen von Seiten der Arbeitgeber — hier nenne ich nur zwei Namen, David Peters in Neviges und Frau Hehl in Charlottenburg —, von Frauen-Vereinen, von Seiten vieler Gemeinden und einzelner Staaten kann ich nicht eingehen, ebensowenig auf die Aufgaben, die der Schule und den kirchlichen Organisationen zufallen. Alle Fragen, die sich hier geltend machen, die, eine an die andere sich anschließend, immer neue und wichtige Gesichtspunkte für die Hebung der Arbeiter-Familien eröffnen, auch nur anzudeuten, würde zu weit führen.

Beklagenswerth ist hierbei, wie überall in der Arbeit für das Volkswohl, der Widerstand, die Trägheit und der Alles vernichtende Fatalismus der unteren Klassen, der wie ein Mehlthau über die grünenden Hoffnungen der Menschenliebe das Mißtrauen und die stumpfe Gleichgültigkeit fallen läßt, der Fatalismus, der sich wie ein Fluch an alle menschenfreundlichen Unternehmungen hängt und vielfach segensreiche Keime erstickt. Hier, wie überall, zeigt es sich, daß, wo der Arbeiterstand die dargebotene Hand nicht ergreift, wohl gar zurückstößt, alle Mühe vergebens ist.

Die völlige Unfähigkeit und Untüchtigkeit junger Mädchen, einen Haushalt zu führen, ist eine Wahrnehmung, die nicht nur in den unteren Volksklassen, sondern allgemein tief empfunden wird. Selbst in den besseren Kreisen giebt Untüchtigkeit der erwachsenen Töchter für ihren späteren Beruf als Hausfrauen zu erheblichen Bedenken Veranlassung; wie viel mehr in der arbeitenden Klasse, wo es darauf ankommt, mit den geringsten Mitteln umsichtig hauszuhalten, wo die Ernährung des Mannes, die Instandhaltung der Kleidung, die Ordnung und Sauberkeit selbst in der ärmlichsten Wohnung, wo gute Rechnungsführung und Feststellung eines bestimmten Haushaltungsplanes die ganze Existenz, den ganzen sittlichen Zusammenhalt der Familie bedeuten. Denn schlechte Ernährung zwingt den Mann, zu trügerischen Reizmitteln, zum Branntwein seine Zuflucht zu nehmen: Schmutz und Unreinlichkeit, die ganze Unbehaglichkeit und Erbärmlichkeit einer ungeordneten Wirthschaft treiben den Mann in die Schenke, die Kinder auf die Straße.

Wo Mädchen unter den Augen einer tüchtigen Mutter selbst unter ärmlichen Verhältnissen heranwachsen oder sich willig und mit dem Streben, etwas zu lernen, als Dienstboten einer verständigen und menschenfreundlichen Leitung hingeben, da können sie die für den Haushalt nothwendigen Kenntnisse erwerben. Wenn man aber bedenkt, wie oft diese Bedingungen fehlen, wenn man erwägt, daß im deutschen Reiche fast eine Million junger Mädchen sogleich aus der Schule ins Leben treten, so sieht man die Bedeutung jener humanen Leistungen ein, die hier zu ergänzen suchen, was dem Mädchen zu seinem eigentlichen Berufe fehlt, die hier einem großen und vielleicht dem wesentlichsten Mangel in der Erziehung abhelfen, einem Mangel, der von Geschlecht zu Geschlecht verderblicher hervortritt und die Sittlichkeit des arbeitenden Standes nicht nur untergräbt, sondern offen vernichtet und ihn zum Spielball jeder socialistischen Strömung macht.

Darin liegt die fundamentale sittliche Bedeutung jener Bestrebungen, die mit allen Kräften zu unterstützen Pflicht eines Jeden ist, der noch nicht verzweifelt an der Wiederaufrichtung unseres Volkes.

Ich habe im Verlaufe meiner Darstellung schon oft hervorgehoben, wie bei einer redlichen Arbeit im Dienste der Menschheit sich immer neue und wichtige Anregungen, neue Angriffspunkte für die Wohlthätigkeit finden.

So ist auch bei der Bearbeitung der vorher besprochenen Frage der ganze Nothstand, das ganze Elend der weiblichen Arbeiter hervorgetreten: Eine Million weiblicher Arbeiter! Was liegt in diesem einen Wort. Wie viele unter denselben entbehren jeden Anhaltes durch die Familie, stehen verlassen, freudlos und ohne jene vielfachen Beziehungen da, die dem menschlichen Leben erst Werth und Bedeutung geben. Welches Feld bietet sich hier der fürsorgenden und erhaltenden Liebe! Und wahrlich, es ist treulich bearbeitet worden von den deutschen Frauen-Vereinen, die in jeder Weise, wo nur ein Hebel anzusetzen war, nicht nur für die Erhöhung der Erwerbsfähigkeit, sondern auch für den Schutz und die moralische

Stütze der Arbeiterinnen Mittel und Wege gefunden haben.

Wenn man bedenkt, daß allein in Preußen mehr als 700 Zweigvereine des vaterländischen Frauen-Vereins mit 95,000 Frauen und außerdem eine große Zahl selbstständiger Wohlthätigkeits- und Erwerbs-Vereine Asyle und Heimstätten für Arbeiterinnen, Zufluchts-Orte jeder Art für die Verlassenen bereit gestellt haben, so muß man zugeben, daß es für diejenigen jungen Mädchen, die mit Ernst ihren Lebensweg verfolgen, an rettenden Händen nicht fehlt. Auch der älteste Verein zur Förderung der Erwerbsfähigkeit des weiblichen Geschlechts, der zunächst für die mittleren und höheren Kreise organisirte und vortrefflich verwaltete Lette-Verein hat sich schon seit Jahren mit großem Erfolge der Noth der unteren Klassen zugewandt und u. A. eine Haushaltungsschule mit Mädchenheim und eine Speise-Anstalt für Arbeiterinnen gegründet.

Diese Fürsorge der deutschen Frauen-Vereine bietet den besten und sichersten Schutz gegen die Unsittlichkeit und die Frauen üben hier in aller Stille eine Kultur-Arbeit, die mehr werth ist als alle Reden und Congresse.

Wie überall, kommt es auch bei diesem Streben wesentlich darauf an, den einsam und verlassen im Leben stehenden Arbeiterinnen Liebe zu zeigen, ihnen ein Herz zu öffnen für ihre Sorgen und ihren Kummer. Nichts kann der Mensch weniger ertragen als die Abgeschlossenheit und ist es durchaus anzuerkennen, wenn auch für die geistige Erholung und Erfrischung Anstalten getroffen werden, in die auch die Volksbildungs-Vereine und die Vereine gegen Unsittlichkeit mit Erfolg eingreifen können: Die Erholungs- und Bildungs-Stätten für alleinstehende Frauen gehören demnach zu den wirksamsten Humanitäts-Anstalten der Gegenwart und müssen mit allen Mitteln unterstützt werden.

Hier ist noch Vieles im Werden, aber erfolgreiche Anfänge sind schon vorhanden: Es ist nur zu wünschen, daß in diesen Wohlfahrts-Bestrebungen eine größere Concentration der Kräfte und Mittel eintrete und jede Zersplitterung vermieden werde. In einer großen Sache darf der Einzelne niemals mit seiner Persönlichkeit hervortreten wollen und wo es nützlich ist, muß eine Unterordnung unter größere Gesichtspunkte eintreten.

In dieses große Liebeswerk zum Schutze der vereinsamten Arbeiterinnen greift die innere Mission mit ihrer ganzen sittlichen Kraft und Autorität in Rath und That, in Wort und Schrift ein und auch die katholische Kirche bleibt in diesem Rettungswerke nicht zurück und übt namentlich durch die Vincentius-Vereine und ihre ausgedehnte Anstaltspflege einen außerordentlich wohlthätigen Einfluß aus. Als Beispiel führe ich hier das unter Leitung des Kaplan Liesen stehende Arbeiterinnen-Hospiz und den Arbeiterinnen-Verein zu Gladbach an, eines der ältesten Vorbilder und Muster rettender Liebesthätigkeit.

Die schwere Verantwortlichkeit, die den Arbeitgebern für das körperliche und sittliche Wohl ihrer Arbeiterinnen zufällt, wird von denselben mehr und mehr anerkannt und ist diese Frage durch den nach dieser Richtung hin unermüdlich thätigen Professor Post auf dem letzten Congresse für innere Mission zum Gegenstande einer besonderen Berathung gemacht worden, die folgende Resolution zur Folge hatte: „Der 26. Congreß für innere Mission erklärt, daß er die wirksame Fürsorge der Arbeitgeber für ihre des Familienlebens vielfach entbehrenden Arbeiterinnen für eine durch die heutige sociale Lage mit doppeltem Ernst ihnen auferlegte Pflicht hält. Er bittet sie, diese Angelegenheit auf ihr Gewissen zu nehmen, indem er freudig anerkennt, was in dieser Richtung von zahlreichen Arbeitgebern mit dankenswerther Opferfreudigkeit bereits gethan ist."

Alles, was für die Erziehung und den Zusammenhalt der Arbeiterinnen geschieht, ist der wirksamste Schutz und das sicherste Vorbeugungsmittel gegen die Unsittlichkeit und wenn hier auch noch*) andere Maaßregeln und Gesichtspunkte geltend gemacht werden müssen, die in ihrer Gesammtheit von besonderen „Vereinen gegen Unsittlichkeit" und namentlich auch von der inneren Mission beobachtet werden, so ist doch die vorbeugende, erhaltende, die schützende Arbeit die segensreichste.

Mögen die Frauen-Vereine nach dieser Richtung hin unermüdlich thätig sein und für die Würde ihres Geschlechts eintreten: Nicht immer werden sie helfen können; es wird den Rettungs- und Magdalenenhäusern noch eine große und dankbare Aufgabe zufallen, aber auch hier mögen sie dafür sorgen, daß den aus der Anstalt Entlassenen neue sichere Lebenswege eröffnet werden, damit sie nicht dem offenen Verderben wieder anheimfallen. Möge die thätige Liebe wie in dieser ganzen Frage, so auch hier den Vorwurf von sich fern halten, den in bewegter Weise das Dichterwort ausklingen läßt:

> Ihr führt ins Leben uns hinein,
> Ihr laßt den Armen schuldig werden;
> Dann überlaßt Ihr ihn der Pein!
> Denn alle Schuld rächt sich auf Erden.

Von der Pflege und Erziehung der Kinder ausgehend habe ich in dem voraufgehenden Abschnitte die Wohlthätigkeit bis an ihre Grenzen begleitet und nachgewiesen, wie die erziehende Liebesthätigkeit unmerklich in die erhaltende und rettende übergeht: Wenn ich nun von der Wohnungsfrage aus meine Aufgabe weiter verfolge, so werden wir wiederum erkennen, wie vielfach die Lebensbeziehungen der Menschen in einander

---

*) S. u. A. Böhmert: „Der Kampf gegen die Unsittlichkeit" und die zahlreichen Schriften der inneren Mission und der katholischen Kirche.

greifen, sich gegenseitig bedingen, ergänzen, und wie nothwendig es ist, bei aller Theilung der Arbeit im Dienste der Menschheit die **Einheit** nicht außer Acht zu lassen und bei Bekämpfung der Erscheinungen den letzten Grund nicht zu verlieren.

Es ist wohl allgemein anerkannt, wie innig der sittliche Zustand des Arbeiters mit der Wohnung desselben in Verbindung steht. Es ist nicht unrichtig, wenn man die ganze sittliche und materielle Lage der Armenbevölkerung von dem Gesichtspunkte ihrer Wohnungsverhältnisse aus betrachtet.

Die Wohnung, der eigene Heerd ist der feste Grund, auf dem sich das Familienleben aufbaut: Hier kann, ungestört von der Außenwelt, vor fremder Neugier, das Gemüthsleben sich entwickeln, der Körper Ruhe, der Geist Sammlung finden; hier ist die Stätte für die körperliche und sittliche Erziehung der aufwachsenden Jugend.

Damit die Wohnung diesen Zweck erfülle, muß sie den Bedingungen der Gesundheitspflege entsprechen, namentlich trocken, hell und warm sein, sodann aber auch den Anforderungen der Sittlichkeit genügen, indem sie Absonderung der Schlafräume für beide Geschlechter erwachsener Kinder, besonders aber für etwaige Einmiether gestattet; endlich muß die Wohnung ein abgeschlossenes Ganzes mit besonderen Zugängen bilden. Diesen Bedingungen muß, wenn auch in den bescheidensten Grenzen, genügt werden: Die körperliche und geistige Gesundheit hängt von der Erfüllung derselben ab und greifen wir, wenn wir hier zum Ziele gelangen, das Elend und die Unsittlichkeit an der Wurzel an. Für die Wichtigkeit dieser Frage spricht der Umstand, daß sich mit ihr in dem letzten Jahre fast alle großen Vereine beschäftigt haben, denen das Wohl des Arbeiterstandes am Herzen liegt. Fast alle Zweige der Wohlthätigkeit sind bei derselben betheiligt, nicht am Wenigsten diejenigen, die sich unmittelbar mit den socialen

Krankheiten des Arbeiterstandes, mit der Trunksucht und der Unkeuschheit beschäftigen; auch diese Vereine haben längst erkannt, daß einer der sichersten Hebel für ihre Wirksamkeit in der Besserung der Arbeiterwohnungen zu suchen ist, überhaupt stehe ich nicht an, die Wohnungsfrage als die für die Sittlichkeit des Volkes wichtigste anzusprechen: Was wir auch sonst thun mögen: Nichts erreicht weder in moralischer noch in physischer Beziehung für das Wohlergehen des Volkes die Bedeutung derselben. Mit vollem Recht sagt der edle englische Humanist Kingsley: „Der tödtlichste Feind jenes Bedürfnisses nach künstlichen Narkosen (Branntwein) ist der Mann, der den Massen frische Luft, klares Sonnenlicht, reine Wohnhäuser, gesunde Nahrung predigt und — so weit die Unwissenheit und das Kapital es zuläßt — ihnen auch verschafft." „Laßt die Armen eine Ahnung von dem Lichtgedanken gewinnen, daß jenseits ihrer Mauern eine gottgeschaffene Welt liegt."

Dem hohen sittlichen Werthe dieser Frage und der Erkenntniß, daß ohne Lösung derselben alles Wirken der Humanität Stückwerk ist, kommen die Anstrengungen gleich, die von allen Seiten gemacht werden, um eine einigermaßen befriedigende Ordnung derselben zu erreichen. Vereinzelte Bestrebungen nützen hier wenig, Polizeiverordnungen können die ersten Ursachen der Wohnungsnoth nicht treffen: Hier müssen Wohlthätigkeit und Kapital, das eigene Interesse und die Sorge um die allgemeine Wohlfahrt zusammenwirken und müssen Staat und Gemeinde durch große Maaßregeln, durch Sorge für ihre eigenen Arbeiter, namentlich auch durch Verkehrserleichterungen an diesem Bestreben theilnehmen. Was humane Arbeitgeber und gemeinnützige Baugesellschaften auf diesem Gebiete geleistet haben, ist sehr bedeutend; aber hier gilt es, mit großen Mitteln Wohlthätigkeit üben, wie sie nur dem Reichthum gestattet ist: Die sonst so wirksame persönliche Hülfeleistung, die auch mit kleinen Mitteln Großes erreicht, kann hier wenig fruchten:

Hier mögen die Kapitalien angelegt werden, die mit einem kleinen wirklichen Zinse der größten und wichtigsten Kulturaufgabe der Gegenwart dienen und dafür die **höchsten ideellen Interessen** tragen.

Es muß auch bei dieser Gelegenheit wieder ausgesprochen werden, daß ein wirklich großes Resultat überall nur da erzielt wird, wo auch der Arbeiter selbst, wenn auch in der bescheidensten Form das Bestreben zeigt, mit zu arbeiten an dieser Aufgabe, wo er sich aufrafft aus seiner Energielosigkeit und aus der verderblichen Gleichgültigkeit, mit der er, an Statt selbst Hand anzulegen, einer unbestimmt dämmernden Zukunftsaussicht sein ganzes Schicksal anvertraut und, nur dem Tage lebend, es verschmäht, auch die kleinsten Ersparnisse für dauernde Güter anzuwenden. Ueberall da, wo humane Arbeitgeber und Arbeiter zusammenwirken, sehen wir kleine, reinliche Familienhäuser entstehen, da bekommt das Familienleben Halt und Grund, da gewinnt das Leben einen neuen Reiz und bedarf nicht künstlicher Mittel.

Ich muß auch hier wieder auf die bedeutungsvolle Thätigkeit der inneren Mission verweisen, namentlich auf die anregende Schrift von Bodelschwingh's „Mehr Luft, mehr Licht und eine ausreichend große eigene Scholle für den Arbeiterstand."

Die zahlreichen Berichte, Schriften und Pläne, die diese Frage hervorgerufen hat, sind zu einer bedenklichen Höhe gestiegen; ein Beweis, wie schwierig und unklar die Verhältnisse noch sind. Die Erörterung derselben in den Verhandlungen des deutschen Vereins für Armenpflege auf Grund eines eingehenden Referates des Dr. Aschrott (in dem 11. u. 13. Hefte der Schriften des Vereins) lassen auch noch keinen völlig befriedigenden Abschluß erwarten.

Bis zu der Zeit, wo den Arbeitern eine richtige Wohnung zu Theil werden kann, müssen wir uns behelfen und Auskunftsmittel ergreifen, die die Wohnungsnoth weniger bedenklich machen. Zu diesen Einrichtungen gehören vor allen die **Volks-Kaffee-Häuser.** Diese sind, namentlich in größeren Industriebezirken, für die Hebung der Sittlichkeit von der größten Bedeutung geworden und ist hier eine der gesundesten und wichtigsten Aufgaben der Wohlthätigkeit in der Lösung begriffen: Was nach dieser Richtung hin geschehen ist von einsichtigen Arbeitgebern, von fast allen größeren Vereinen, denen die Sittlichkeit, die Bildung des Arbeiterstandes, die Beseitigung der Trunksucht am Herzen liegt, ist schon sehr erheblich. **Die Volks-Kaffee-Häuser mildern vor Allem die sittlichen Nachtheile der schlechten Wohnungen:** Je schlechter die Wohnung, je ungeordneter der Haushalt, um so mehr hat der Arbeiter das Verlangen, in seinen Feierstunden das Haus zu verlassen, dem Elende auf einige Stunden aus dem Wege zu gehen und womöglich sich durch Genußmittel künstlich anzuregen und zu betäuben. Dies ist der natürliche Weg zum Wirthshaus, in dem dann durch gewissenlose Wirthe, gegenseitige Anreizung und durch den Austausch der aufregenden Gedanken des Tages die Begierden und Leidenschaften noch gesteigert werden. Daß unter solchen Umständen die Trunksucht groß gezogen wird, ist natürlich und selbstverständlich.

Findet nun aber der Arbeiter ein wohlgeordnetes Haus, das ihm einen behaglichen Aufenthalt darbietet, in dem er preiswürdige und gute Erfrischungen findet, Kaffee, Thee, Cacao, Fleischbrühe, in dem für gute Lectüre gesorgt ist und wo wohlwollende Männer sich seiner annehmen, so wird nicht mit einem Male, aber mit der Zeit eine wohlthätige Einwirkung sich zeigen.

In dem Leben des Menschen ist das Bedürfniß nach Gesellschaft, nach Genossenschaft scharf ausgeprägt: Das Elend des Lebens, Trauer und Leid, Kummer und Sorgen werden in Gemeinschaft leichter ertragen. Diesem Bedürfnisse, wenn auch zuerst nur äußerlich in einer möglichst vollkommenen Form Rechnung zu tragen, ist die wichtige Aufgabe der Volkskaffeehäuser. Ganz naturgemäß wird sich an vielen Orten, je nach Bedürfniß, eine **Volksküche** anschließen, an manchen Orten auch ein **Volksbad**; allmählich werden sich die Volkskaffeehäuser noch weiter in ihre Aufgabe vertiefen, sich zu **Volks-Erholungs- und Bildungsanstalten** erweitern, in denen eine Volksbibliothek aufgestellt ist, in denen einfache Lehrmittel, Karten, bildliche Darstellungen zur Geltung kommen, in denen auch leicht faßliche Vorträge über Gesundheitspflege, über das Versicherungs- und Genossenschaftswesen, über Sparkassen u. dergl. gehalten werden. Hier könnte sich auch geeigneter Unterricht im Zeichnen, in Handfertigkeit jeder Art anschließen, überhaupt würde ein Mittelpunkt für die ganze sittliche Entwicklung des Arbeiters gegeben sein.

Daß dieses Bild nicht in der Vorstellung beruht, sondern daß an vielen Orten bereits solche **Volks-Kaffee-, Erholungs- und Bildungshäuser** bestehen, weiß Jeder, der mit unserem Wohlthätigkeitswesen vertraut ist. Hier fließen außerordentlich viele Hülfsbestrebungen zusammen mit verschiedenen Zwecken in mancherlei Formen; hier vereinigt sich die innere Mission mit der Humanität, hier treffen sich die Vereine gegen Trunksucht und gegen die Unsittlichkeit mit den Bildungsvereinen und den Vereinen für Gesundheitspflege. Ohne solche Einrichtungen für die Erholung der Arbeiter würde die jetzt strenge gehandhabte **Sonntagsruhe** ihre Bedeutung verlieren für alle diejenigen, die kein eigenes Heim haben oder in demselben keinen Frieden finden; im Gegentheil würde die Sonntagsruhe nur vielfach einem lasterhaften Treiben Vorschub leisten.

Wie die Volks-Kaffee-Häuser für die seßhafte Arbeiterbevölkerung, so sorgen die **Asyle für Obdachlose**, die **Herbergen zur Heimath** und die Vereinshäuser der inneren Mission wie der katholischen Kirche für die

Heimatlosen, die Wandernden, die Verlassenen, die Irrenden und ist die sittliche Bedeutung dieser Einrichtungen nicht hoch genug anzuschlagen: In mancherlei Formen macht sich hier die errettende, erhaltende und vorbeugende Liebe geltend und ist hier noch ein weites Feld für die Hebung der Volkssittlichkeit zu bebauen.

An diesen verschiedenen Anstalten zur körperlichen und geistigen Erhaltung des Arbeiters mitzuwirken, muß jedem gebildeten Manne, in welchem Berufe er auch stehe, eine Gewissens- und Herzenssache sein und würde hier namentlich für angehende Aerzte, Geistliche, Lehrer eine herrliche Aufgabe in Bewährung echter Humanität zu finden sein, sowie eine Schule des Lebens, wie sie nicht besser geboten werden kann. Hier müssen auch die Bildungs-Vereine eingreifen: Nicht auf intellektuelle Bildung kommt es an, sondern auf Anregung des Gemüthes. Darauf muß bei Auswahl der Volksbibliotheken und bei Vorträgen Rücksicht genommen werden: Lebensbilder edler Männer, Darstellungen aus der Geschichte, in denen Vaterlandsliebe und der Kampf um die höchsten Güter zum Ausdruck kommen; Vorlesungen aus unseren idealen Dichtern und deutschen Schriftstellern, die das Volk in der Arbeit und in redlichem Kampfe mit den Mühsalen des Lebens schildern; hier können endlich die Tröstungen der Religion in einfacher und schlichter Form Eingang finden: die Hinweisung auf die sittliche Macht des Christenthums in der Heilighaltung der Arbeit und des Lebens in der Familie und unter den Genossen.

In ruhigem Fortschritte baut sich so eine neue sittliche Welt in der Vorstellung des Arbeiters auf, in der er auch die Kraft gewinnt, den schweren Anforderungen seines Berufes nachzukommen.

Dies sind nicht nur Ideale: Auch nach dieser Richtung hin treffen wir schon eine ganze Reihe von Vorbildern: Volks-Erholungs- und Bildungshäuser finden sich schon in vielen großen Städten und Fabriken und ist man noch weiter gegangen: Man hat auch für die Erheiterung und Erfrischung der Arbeiter an Sonntagen gesorgt durch Gesang und einfache Unterhaltungen, an denen auch die Frauen der Arbeiter Theil nehmen. Hier ist noch viel zu thun: Eine veredelte Form der Erholung der Arbeiter wird den Branntweinhöhlen die Pforten schließen und wenn wir die Erfolge der Gesellschaft vom Gut-Templer-Orden gegen die Trunksucht im Norden unseres Vaterlandes bewundern, so liegen dieselben lediglich darin, daß der Arbeiter von menschenfreundlichen und geselligen Beziehungen umgeben wird, die den sinnlichen Reiz zum Trinken gar nicht aufkommen lassen.

Alles hängt davon ab, den Arbeiter aus seiner Isolirung herauszureißen, ihn mit höheren Bildungselementen zu umgeben, ihm die volle Würdigung der Menschlichkeit zu zeigen, ihm nahe zu legen, daß er sittlich gleichberechtigt ist: Ist er auf dieser Stufe angelangt, dann wird ihn die Scham, diese Hüterin der Selbstachtung, abhalten, ferner in den Wegen der Unsittlichkeit und Rohheit zu wandeln, dann ist die Grundlage zu einer sittlichen Umwandlung geschaffen.

Wer das Volk kennt, wer weiß, wie auf dem tiefsten Grunde der Seele auch des einfachsten Mannes die Keime der Selbstachtung liegen, der wird wissen, wie wichtig es ist, dieselben zur richtigen Entwicklung zu bringen. Diese tiefen Regungen sind es, die den Menschen schließlich dahin führen, wo sie geachtet und gepflegt werden, zum Guten oder zum Schlimmen: Wer die Volksseele sorgfältig beachtet, wird manche Erscheinung in unserem socialen Leben erklärlich finden, die sonst unbegreiflich scheint und der einsichtsvolle Arbeitgeber wird Motiven Geltung zu verschaffen suchen, die in dem innersten Wesen des Arbeiters begründet sind.

Die Bedeutung der in den voraufgehenden Abschnitten erkannten sittlichen Einflüsse der Wohlfahrtseinrichtungen werden wir am Besten würdigen können, wenn wir die Maaßregeln in's Auge fassen, die gegen das verbreitetste und allgemeinste Laster, die Trunksucht, Seitens der Kirche und der Humanität in Anwendung gekommen sind. Hier ist zugleich ein ausgezeichnetes Beispiel für die Art und Weise gegeben, wie sittliche Nothstände aufgefaßt und behandelt werden müssen.

Das Verdienst, hier die Wege gebahnt zu haben, gebührt dem deutschen Vereine gegen den Mißbrauch geistiger Getränke und muß der Name des Geschäftsführers desselben A. Lammers besonders genannt werden, eines Mannes, der durch Wort und Schrift, durch Studium der in anderen Ländern erworbenen Erfahrungen und durch eine seltene Thatkraft wesentlich dazu beigetragen hat, diese Frage zu einem gewissen Abschlusse zu bringen. Hier haben auch die innere Mission und die katholische Kirche mächtig eingegriffen und ihre ausgedehnte Erfahrung, ihre ganze Organisation und Anstaltspflege in den Dienst der Mäßigkeits-Sache gestellt; was die innere Mission in ihrem Kampfe gegen die Trunksucht und Unsittlichkeit geleistet hat, mit aufopfernder Liebe und seltenem Verständnisse, das genügt allein, ihr den Dank der Menschenfreunde zu sichern.

Gestützt und getragen wurden die Bestrebungen gegen die Trunksucht durch das gediegene Werk von Dr. A. Baer „Der Alkoholismus" Berlin 1878. Verlag von Hirschwald. In demselben wurde für diese Frage in vollendeter Weise, mit Benutzung aller Erfahrungen der Wissenschaft, der Gesetzgebung und der Statistik aller Länder eine wissenschaftliche Grundlage geschaffen.

In neuester Zeit sind die Anschauungen über die Schädlichkeit des Alkohols[*]) nicht nur in der koncentrirten Form des Branntweins, sondern auch in der verdünnten Form des Bieres

---

[*]) f. Bunge's Lehrbuch der physiologischen und pathologischen Chemie, Seite 122. Leipzig 1889, bei Vogel, und von demselben Verfasser: „Die Alkohol-Frage". Leipzig, bei Vogel 1887.

und des Weines außerordentlich verschärft worden durch die Arbeiten G. Bunge's, Professors in Basel.

Die Trunksucht ist eine Krankheit mit bestimmten Ursachen und Wirkungen, die genau erkannt und festgestellt sind, ebenso wie ihre Behandlung. In Würdigung der hohen Wichtigkeit dieser Frage für die Noth der Gegenwart fasse ich die leitenden Gesichtspunkte in möglichster Kürze zusammen:

Der Alkohol ist kein Nahrungsmittel, er gehört zu den Genußmitteln und verdankt seine große Verbreitung dem Umstande, daß er das Nervensystem anregt, die Herzthätigkeit steigert, das Müdigkeitsgefühl betäubt, den raschen Verbrauch der Nahrungsmittel hindert und dem Kältegefühl entgegenwirkt.

Die Wissenschaft hat nachgewiesen, daß alle diese Wirkungen entweder völlig trügerisch sind oder da, wo ein vorübergehender Erfolg eintritt, derselbe auf Kosten der Gesundheit der lebenswichtigsten Organe gewonnen wird, daß demnach bei Gebrauch des Alkohols die Steigerung der Kräfte durch einen wirklichen Verlust derselben erkauft wird, daß, wie Liebig*) treffend sagt, das Kapital an Statt der Zinsen verzehrt wird und daher der Bankerott des Körpers unvermeidlich ist.

Die große Verbreitung des Alkohols beruht demnach auf der unmittelbar erhöhten Spannkraft des Organismus, sodann auf der angenehmen gemüthlichen Einwirkung desselben, indem die Gefühle des Unbehagens, Kummer und Sorgen betäubt werden, beruht ferner auf Angewöhnung und wird begünstigt durch die Formen der Geselligkeit, durch Nachahmung und Beispiel.

Der Genuß des Alkohols ist, wie der aller Gifte, nur als Heilmittel werthvoll, kann sonst nur zur Erzielung einer durch ernste Umstände gebotenen raschen Belebung und An-

---

*) s. Liebig. Chemische Briefe. 3. Auflage S. 605.

Spannung der Kräfte geduldet werden und muß bei länger dauernder Anwendung die Gefahr der Angewöhnung Berücksichtigung finden.

Körperliche Folgen des Alkoholgenusses sind: Entartung der wichtigsten Organe des Körpers, Abschwächung der Widerstandskraft gegen Schädlichkeiten aller Art und gegen Krankheiten, demnach Abkürzung der Lebensdauer.

Unmäßigkeit im Genusse berauschender Getränke ist eine der Hauptursachen für die Entstehung von Geisteskrankheiten und für den Selbstmord.

Es ist bei Beurtheilung der sittlichen Schäden der Trunksucht nicht immer leicht, zu entscheiden, was Folge oder Ursache derselben ist. Ursache und Wirkung gehen hier häufig in einander über. Die Ansicht Liebig's „Man hat die Verarmung und das Elend in vielen Gegenden dem überhandnehmenden Genuß von Branntwein zugeschrieben; das ist ein Irrthum: der Branntwein ist nicht die Ursache, sondern eine Folge der Noth", ist wohl für die Mehrzahl der Fälle richtig. Die Ursachen liegen zweifellos sehr oft in dem in den früheren Abschnitten geschilderten allgemeinen Elende des Familien-Lebens, in der schlechten Wohnung, in der Unfähigkeit der Frauen, dem Haushalte die unentbehrlichsten Grundlagen zu geben, mit geringen Mitteln eine ausreichende Ernährung herbeizuführen und das Hauswesen so zu gestalten, daß es dem Manne eine wenn auch ärmliche, so doch friedliche, reinliche und ansprechende Ruhestätte gewährt.

Ist das Hauswesen einmal zerrüttet, dann verlangen die durch das Elend erzeugte Verzweiflung oder der Stumpfsinn, die Gleichgültigkeit gegen alle edleren Regungen, das unbefriedigte Dasein nach Reizmitteln; eben so wird umgekehrt durch den aus anderen Ursachen hervorgegangenen Mißbrauch des Alkohols die Zerstörung des ganzen Familien-Lebens herbeigeführt.

Solche Ursachen sind: vorübergehend hohe Löhne, lange

Weile, schlechtes Beispiel, die Art des genossenschaftlichen Lebens u. A.

Vom praktischen Standpunkte aus, namentlich für die Behandlung der Krankheit, ist es von Wichtigkeit, in jedem Falle Folgen und Ursachen zu ermitteln.

Ist einmal die Trunksucht in das Familienleben eingebrochen, so ist dasselbe verloren: Die Frau geht einem furchtbaren Marthrium entgegen und verkommt mit den Kindern von Tag zu Tag mehr: Liederlichkeit und Verbrechen lauern an der Schwelle des Trunksüchtigen: Denn nicht nur dem Manne geht jedes sittliche Urtheil mit der Zeit verloren; auch die Angehörigen können sich in der Noth und Verlassenheit nicht mehr auf der Bahn der Sitte erhalten; physische und moralische Rohheit, brutale Gewaltthätigkeit führen schließlich den Trinker entweder in das Gefängniß oder in das Irrenhaus.

So vermischen sich Ursachen und Folgen, bis zuletzt beide in ihrer verderblichen Wechselwirkung nicht mehr von einander zu unterscheiden sind.

Bei der Behandlung der Trunksucht sind die vorbeugenden Maaßregeln die wichtigsten und müssen, weil aus naheliegenden Gründen der ganze Arbeiterstand der Gefahr der Trunksucht ausgesetzt ist, möglichst allgemein sein. Die Vorbeugungsmaaßregeln sind in den früheren Abschnitten enthalten. Sie betreffen: Verbesserung der Wohnung, der Ernährung (Volksküchen u. dergl.), die hauswirthschaftliche Ausbildung der jungen Mädchen, die Einrichtung von Volks-Kaffeehäusern, von Kaffeeschenken in der Nähe von Fabriken, die Volks-Erholungs- und Bildungshäuser. Sodann ist vor Allem eine Beschränkung der Schankstätten, unbedingtes Verbot der Schankläden und des Verkaufs von Branntwein in anderen Geschäften, Unverbindlichkeit von Trinkschulden, Verbot der Nöthigung zum Trinken durch den Wirth anzustreben.

In dieser Beziehung stehen noch, wie wir sehen werden, die gesetzlichen Maaßregeln aus.

Ist der Mann dennoch zum Trinker geworden, so suche man ihn womöglich aus seiner genossenschaftlichen Umgebung zu entfernen und in andere Verhältnisse zu bringen; man versuche, ihn in freundlicher und anregender Weise zu beeinflussen, vor Allem aber nehme man sich der Familie an, damit diese nicht, gänzlich ohne materiellen Schutz und moralischen Halt, in das Unglück hineingezogen wird und untergeht.

Ist die Krankheit völlig ausgebrochen, so bleibt Nichts Anderes übrig, als: Entmündigung des Säufers, Bestellung eines Vormundes, Ueberführung in ein Trinker-Asyl von Staatswegen: Denn die Trunksucht ist heilbar, aber nur durch unbedingte, ununterbrochene Entziehung des Alkohols und durch Erziehung zur Arbeit.

Wird der Trunksüchtige geheilt aus der Anstalt entlassen, so verfällt er sicher wieder dem Laster, wenn er in die alten Verhältnisse und unter die alten Genossen zurückkehrt. Derselbe muß daher durch Vermittlung der Mäßigkeits-Vereine in eine ganz neue Lebens-Ordnung versetzt werden und müssen alle früher genannten Vorbeugungsmaaßregeln bei ihm zur Anwendung kommen.

Zur Durchführung der in der voraufgehenden Darstellung angedeuteten gesetzlichen Bestimmungen, ohne die ein erfolgreiches Einschreiten gegen die Trunksucht unmöglich ist, sind von Seiten des Vereins gegen den Mißbrauch geistiger Getränke, unterstützt durch die Organe der inneren Mission und durch zustimmende Gutachten einer großen Anzahl von Verwaltungs-Behörden die erforderlichen Vorlagen dem Reichstage schon vor einer Reihe von Jahren gemacht worden. Die Motive zu diesen Vorlagen sind so bringend und mit einem so vollbeweisenden statistischen und vergleichenden Material ausgestattet, daß die Annahme und gesetzliche Codificirung derselben nur noch eine Frage der

Zeit sein kann und es befremdend ist, daß bei einer so klaren Sache von so hervorragender physischer und ethischer Bedeutung die Entscheidung so lange auf sich warten läßt. Es handelt sich einfach darum, ein Gesetz festzustellen, das die Gelegenheit des Branntweingenusses in Schenken durch Erschwerung der Concessionsertheilung einschränken, das Feilhalten von Branntwein in Läden verbieten und die Entmündigung gewohnheitsmäßiger Trinker gestatten soll.

Im Uebrigen müssen nicht nur die Mäßigkeits-Vereine, sondern alle Humanitäts-Anstalten, die Kirche und Schule, namentlich aber auch der ärztliche Stand gemeinsam arbeiten, um diesen furchtbaren sittlichen Nothstand zu bekämpfen, nicht nur durch Beseitigung der unmittelbaren Ursachen, sondern auch durch Unterstützung aller der Maaßregeln, die Förderung der Sittlichkeit und Bildung im Volke zum Ziele haben.

So viel hier auch gute Gesetze leisten müssen, so viel thun auch gute Sitten und gutes Beispiel: Hier kommt vor Allem die Liebe zur Geltung, die dem Unglücklichen beisteht, das freundliche Entgegenkommen und das persönliche Wohlwollen; hier kommt Alles darauf an, die geringsten Keime der Menschenwürde zu befruchten, die Selbstachtung und Scham wachzurufen.

In welcher Form die Trinkerasyle und Trinkerheilstätten in Zukunft ihre Erweiterung und Ausgestaltung finden werden, das hängt ganz von der gesetzlichen Stellung des Staates zu dieser Frage ab und ist es nur der inneren Mission und verwandten wohlthätigen Einflüssen auch Seitens der katholischen Kirche zu danken, daß überhaupt nach dieser Richtung hin Anfänge gemacht sind. Indessen handelt es sich hier doch um so allgemeine und wichtige Maaßregeln, daß man dieselben der freien Liebesthätigkeit nicht überlassen darf, um so weniger, als hier bestimmte, zum Theil einheitliche Einrichtungen in Frage kommen, die der staatlichen Beaufsichtigung unterliegen müssen und einer allgemeinen gesetzlichen Regelung bedürfen.

Nicht ohne Unwillen müssen wir erklären, daß alle Unternehmungen gegen die Trunksucht stocken, weil die nothwendigen gesetzlichen Unterlagen auf sich warten lassen.

Möge das deutsche Reich hier, wie auch in anderen die Sittlichkeit betreffenden Fragen seiner Kultur-Aufgabe nachkommen: die öffentliche Sittlichkeit, die sich in der Sitte und in dem Anstande, in den Formen des menschlichen Zusammenlebens äußert, ist nicht nur bedingt durch das in einem Volke zum Ausdruck kommende Maaß von Pflichtgefühl und bürgerlichen Tugenden, sondern auch und nicht am Wenigsten durch das Rechtsbewußtsein, das sich in der Gesetzgebung und Rechtsordnung eines Landes ausprägt.

Hier liegt für den Staat eine gewaltige Verantwortung, hier seine Bedeutung als erste wirksamste und allgemeinste sittliche Anstalt zur Erziehung des Volkes.

Ich habe in den letzten Abschnitten meiner Darstellung wiederholt darauf hingewiesen, wie nothwendig es ist, bei allen vielfach auseinandergehenden Bestrebungen der Wohlthätigkeit die Einheit nicht aus dem Auge zu lassen: Das gemeinsame Ziel ist, wie wir erkannt haben: Hebung der materiellen und sittlichen Nothstände des Volkes durch Erziehung zur Arbeit, durch Erhaltung des Familienlebens, durch Wiederbelebung der idealen Gefühle, namentlich der Religion.

Wir haben gesehen, daß bei dieser Arbeit die Humanität mit der Liebesthätigkeit in der evangelischen Kirche, die vorzugsweise durch die innere Mission zum Ausdruck gebracht wird, Hand in Hand geht; wir haben mit Bedauern erkannt, wie die katholische Kirche in ihrer unbezwingbaren Intoleranz ihre bedeutenden Kräfte von dieser Gemeinschaft ausschließt. Wir haben in dem deutschen Verein für Armenpflege und Wohlthätigkeit den belebenden und befruchtenden Sammelpunkt für die Arbeiten der öffentlichen Wohlfahrt kennen gelernt, ebenso, — wenn auch mit weiteren Zielen —, in dem Central-Verein für das Wohl der arbeitenden Klassen; wir haben gesehen, wie das unabweisbare Bedürfniß der Concentration der Kräfte eine Gruppirung der Wohlfahrtseinrichtungen, ja eine beschränkte Centralisirung zur Folge hatte: So entstanden die Centralstelle der Vereinigungen für Sommerpflege, der deutsche Verein gegen Mißbrauch geistiger Getränke, die Vereinigungen der deutschen Kinderhorte, der Verein für erziehliche Handarbeit, der deutsche Frauen-Erwerbsverein u. A.

Alle diese Vereinigungen haben zum Theil einen akademischen Charakter: Sie schützen durch ihre planmäßigen Arbeiten die Wohlthätigkeitsanstalten vor Fehlern, Irrthümern und Mißbräuchen, geben neue Anregungen und weisen bis dahin unbetretene Wege; zum Theil stellen sie feste Organisationen dar mit einer nicht nur in Rath und Plan, sondern auch in der That und Ausführung mehr oder weniger centralisirten Leitung. Als großes Muster der letzteren Art führe ich den **vaterländischen Frauen-Verein** an und als Muster der Concentration der Kräfte in beschränkterem Kreise den „**Bergischen Verein für Gemeinwohl**".

Daß die Selbstständigkeit im Handeln jedem Vereine gewahrt werden muß, unter eigener Verantwortung, ist bei jeder gesunden Organisation die Hauptsache, aber damit verträgt sich in vielen Fällen sehr wohl eine Sammlung der Kräfte und Mittel und eine gemeinsame Verwaltung: Der Strom der Wohlthätigkeit darf sich nicht zu sehr verflachen; niemals darf eine Concurrenz hervortreten und gleichartige Bestrebungen lassen sich häufig recht gut vereinigen. Außerdem ist es von der größten Bedeutung, daß gewisse Sammelpunkte geschaffen werden, die eine Ausgleichung der Mittel ermöglichen, wie sie bisher nur durch die vaterländischen Frauen-Vereine Statt fand. Während der Wohlthätigkeit in reichen Städten, in Leipzig, Dresden, Bremen, Elberfeld u. A. fast ein Ueberfluß von Mitteln zu Gebote steht, fehlen dieselben im Erzgebirge, im Westerwald, im Rhöngebirge, auf der Eifel u. a. O., wo die Noth oft so dringend ist. Es ist daher eine Organisation, die eine Ausgleichung der Mittel im ganzen Lande ermöglicht, durch die Gerechtigkeit und Billigkeit geboten und würde die Herstellung einer solchen oder die Umwandlung der schon bestehenden wissenschaftlichen Centralstelle in eine aktuelle keinen Schwierigkeiten unterliegen.

Unter allen Umständen muß aber in der ganzen Wohlthätigkeitspflege die Einheit und Gleichheit der idealen Ziele auch in der Organisation sich geltend machen, es müssen hier alle Rücksichten schwinden und die wohlbegründete Mahnung zum Ausdruck kommen:

„Immer strebe zum Ganzen, und kannst du selber kein Ganzes Werden, als dienendes Glied schließ an ein Ganzes dich an!"

Wenn wir uns nun an die höheren Schichten des Volkes wenden und uns fragen, ob hier überall den unentbehrlichsten Anforderungen für ihre Mitwirkung in dem Kampfe gegen die leibliche und sittliche Noth des Volkes entsprochen wird, so müssen wir uns auf der einen Seite vor einem gewissen Pessimismus hüten, auf der andern Seite aber die Gefahren nicht unterschätzen und nicht erst warten, bis wir durch gewaltige Erschütterungen aufgerüttelt werden. Es gilt einen schweren Kampf zu bestehen gegen die Noth und Unsittlichkeit weiter Kreise, die in ihrem Gefolge Verderben und den Untergang unserer Kultur tragen. Möge man sich nicht allein auf den Staat und die Kirche verlassen: Auch diese Träger der Ordnung und Gottesfurcht haben nur dann Werth, wenn alle sittlichen Kräfte aufgeboten werden, um die gewaltige Kluft, die vor uns liegt, auszufüllen: Geld und

Gut helfen allein nicht mehr; es muß auch strenge Arbeit im Dienste der Menschheit gethan werden und auch hier sind wir noch nicht am Ende unserer Leistungen angelangt: wir müssen selbst besser werden, Jeder muß sich in seinem Theile bestreben, eine höhere Stufe der Sittlichkeit zu erreichen, Andern ein Vorbild zu sein in rechtem Handeln und treuer Gesinnung.

Wenn unsere mittleren und höheren Volksklassen in dem ethischen Materialismus, in der Selbstsucht, in dem rücksichtslosen Jagen nach Erwerb, Geld und Gut, in der herzlosen Ausbeutung der wirthschaftlich Schwachen, in Genußsucht und Eitelkeit so weit verkommen wären, wie es aus einzelnen Darstellungen ernster und wissenschaftlich hochstehender Männer hervorgeht, so wäre allerdings jede Hoffnung ausgeschlossen.

Dem gegenüber möchte ich aber geltend machen, daß es sehr schwer ist, ein allgemein gültiges Urtheil über die Sittlichkeit eines Volkes zu fällen: Nicht in statistischen Tabellen noch in den Akten der Gerichte ist ein Maaßstab für dieselbe zu finden und die sittlichen Miasmen, die in einzelnen Kreisen der Großstädte sich geltend machen, sind doch nicht entscheidend für die Gesammtheit.

Noch behauptet die Familie in den ländlichen, bürgerlichen und höheren Kreisen ihren reinigenden, erhaltenden Einfluß, genährt durch die Tradition einer einfacheren und gesunderen Zeit, wo das Herz frischer und der Sinn kindlicher war. Wenn auch, namentlich in den Großstädten, die Familien-Zucht vielfach durch ein ungeordnetes Leben und die zerstreuenden Einflüsse des Tages, durch Mangel an Ehrfurcht und Pietät gelockert ist, so hat doch im Ganzen das deutsche Familien-Leben sich noch frei gehalten von zersetzenden Elementen, von Sinnlichkeit und Genußsucht.

Einen wunderbar reinigenden Einfluß übt doch immer noch die Familie aus und wie oft habe ich beobachtet, wie sonst unedle Gemüther durch den sittlichen Eindruck der Familien-

Pflichten sich selbst wiederfanden und wie durch den ersten Kindeslaut in einem Hause fast abgestorbene Gefühle wieder geweckt wurden. Ja, derselbe Mann ist ein Anderer im Außenleben, ein Anderer in der Familie.

Der Deutsche kann sein Familienleben nicht hoch und rein genug halten: Hier liegt seine Kraft, seine Zukunft; hier ist die Schule für die Entwicklung der höchsten sittlichen Gefühle, der Ehrfurcht und der Wahrheit. Die Liebe, das Vertrauen, das Dankgefühl, der Gehorsam und die Unterordnung unter eine höhere Autorität werden hier entwickelt. Die Familie ist die Grundlage für alle Beziehungen des Einzelnen zur Gesellschaft, zur Gemeinde, zum Staate und können sich nur hier die Ideale des Lebens zu dem höchsten Ziele, zur Religion entfalten: Denn, sagt der herzenskundige Pestalozzi sehr richtig: „Ich muß Menschen lieben, Menschen trauen, Menschen danken, Menschen gehorsamen, ehe ich mich dazu erheben kann, Gott zu lieben."

Ich kann hier nicht alle Beziehungen ausführen, die das Familienleben in sich trägt*); halten wir fest: Die Familie ist die mächtigste und wichtigste Anstalt der sittlichen Erziehung, nicht nur für die Kinder, sondern auch, worauf ich besonderen Werth lege, für die Eltern.

Sollte das Familienleben bei uns verfallen, so ist das Urtheil wahr, daß wir nicht mehr auf der Höhe stehen, sondern im Niedergange begriffen sind: Denn für uns Deutsche ist nicht die äußere Machtstellung maaßgebend, sondern die innere Kraft, die durch die Familie erhalten wird und nur in ihr fruchtbaren Boden findet.

Viel zu sehr verläßt man sich bei uns auf die Einwirkung der Schule: Dieselbe mag noch so viel leisten: Intellectuelle Bildung kann sie überall fördern, mehr oder weniger, aber Ideale kann sie im Allgemeinen nur da wecken und erhalten,

---

*) Ueber die ethische Bedeutung der Familie s. bes. das Werk von Friedr. Paulsen, „System der Ethik." Berlin 1889 bei W. Hertz. S. 577 ff.

wo dieselben in der Familie gepflegt werden und ich spreche aus Erfahrung, wenn ich sage, daß in den Großstädten durch die Beziehungen der heranwachsenden Jugend zur Außenwelt sehr leicht Unkraut aufschießt, neben dem Ideale keinen Boden mehr finden. Den Eltern erwächst hier eine furchtbar schwierige Aufgabe, die sie leicht geneigt sind, der Schule aufzubürden: Die Sorge für die Reinheit der Gesinnungen, Reinheit der Gedanken; viele Jünglinge habe ich zu Grunde gehen sehen, weil sie nicht die Keuschheit des Herzens bewahrt hatten und in dem Familienleben nicht die genügende Stütze fanden, da dasselbe unter dem Einflusse äußerer Verhältnisse die erziehende Kraft und die Macht des Vorbildes verloren hatte und, an Statt Sammlung zu bieten, zerstreuenden Einwirkungen Raum gab.

Daß die Pflege des Familienlebens nicht zu einer gewissen Einseitigkeit und Absonderung führen, daß sie nicht egoistischen Neigungen folgen darf, daß unter derselben der Beruf, die Pflichten gegen Gemeinde und Staat, gegen die Gemeinschaft im Ganzen nicht leiden dürfen, ist eine sittliche Bedingung: Aber sonst müssen alle Rücksichten gewahrt werden, die der Erhaltung des Familienlebens dienen.

Nach dieser Richtung hin müssen die vielfach ausartenden geselligen Beziehungen umgewandelt werden und sind namentlich die Gewohnheiten, die den Mann ohne jeden Nutzen, vielmehr zum Schaden seiner Gesundheit Stunden lang im Wirthshause festhalten, durchaus einzuschränken. Ueberhaupt bedarf das ganze genossenschaftliche und gesellschaftliche Leben einer Reform und sind die Anregungen, die neuerdings in dieser Beziehung von Lammers, Böhmert*), Bode u. A. ausgegangen sind, unbedingt als gesunde anzuerkennen.

---

*) s. „Die Reform der Geselligkeit und Wirthshäuser." Von Dr. Victor Böhmert.

Hiermit hängen auch die Enthaltsamkeits-Bestrebungen zusammen, die, gestützt auf die oben bezeichneten Untersuchungen des Professor Bunge in Basel, den völligen Ausschluß des Alkohols, auch des Weins und Bieres, verlangen. Wenn auch nicht zu erwarten ist, daß diesen zu weit gehenden Forderungen allgemein entsprochen wird, so ist doch eine erhebliche Einschränkung des gewohnheitsmäßigen Trinkens als einer das sittliche Gedeihen der Familie gefährdenden Form der Geselligkeit mit Sicherheit zu erwarten.

Der weitere ernste Grund, der die Ausdehnung der Mäßigkeitsbestrebungen auch auf die höheren Klassen verlangt, ist das schlechte Beispiel, welches den unteren Ständen gegeben wird und die Ungerechtigkeit, die darin liegt, daß den Aermeren ein Genuß erschwert wird, dem sich die oberen Stände, wenn auch in einer anderen Form, schrankenlos hingeben.

Diese Anschauungen werden sich unter allen Umständen mit der Zeit geltend machen; denn alle sittlich berechtigten Ideen brechen sich Bahn, früher oder später; sie können eine Zeit lang zurückgedrängt werden, kommen aber immer wieder an das Licht und ihr Kampf ist noch niemals vergeblich gewesen.

Wenn ich in den früheren Abschnitten die Betheiligung der Frauen an den Wohlthätigkeitsbestrebungen als einen wichtigen Fortschritt bezeichnet habe, so versteht es sich wohl von selbst, daß hier nur von einer Mitwirkung die Rede sein kann, so weit nicht nähere Pflichten gegen die engere Familie, alte Eltern oder nahe Verwandte vorliegen: Es giebt aber viele Frauen und Jungfrauen, die in traurigem Müßiggang oder in nutzloser Vielgeschäftigkeit ihre Tage verbringen würden, wenn ihnen nicht in dem unmittelbaren Verkehr mit den Armen und Leidenden ein herrliches Feld des Schaffens und Wirkens gegeben wäre, eine tüchtige Schule des Lebens und ernster Arbeit, eine ideale Erfüllung des Lebenszweckes. Das ist aber ein großer Fortschritt in den Anschauungen unserer

Zeit und das muß ich auch den pessimistischen Anschauungen gegenüber hervorheben, daß das allgemeine Bestreben unserer Zeit in großem Zuge dahin geht, sich für das Ganze nützlich zu machen und für große Zwecke zu wirken. Sind denn auch die Motive zu einem solchen Handeln nicht immer frei von egoistischen Beziehungen, so werden sie im Ganzen doch durch Menschenliebe getragen und darin liegt ein großer Trost in dem ernsten Leben der Gegenwart.

Bei der hohen Bedeutung, die ich dem Familienleben für die allgemeine Sittlichkeit beilege, kann es nicht auffallen, daß ich in dem Stande der unverheiratheten Männer im Allgemeinen eine unvollkommene und vielfach bedenkliche Entwicklung und Ordnung des gesellschaftlichen Lebens erkenne. Ich weiß wohl, daß vielfach äußere Verhältnisse, daß namentlich bei den edelsten Naturen die strenge Auffassung ihres Berufes den ehelosen Stand bedingen; ich kann es aber nicht billigen, wenn Männer nur aus egoistischen Motiven, aus Bequemlichkeit oder Mangel an Muth, ihr Schicksal mit dem einer Familie zu verknüpfen, den ehelosen Stand vorziehen.

Recht bedenklich ist die Wahrnehmung, daß vorzugsweise aus den Kreisen der unverheiratheten Männer mittlerer und besserer Stände Elemente hervorgehen, die in rücksichtsloser Weise mit Verletzung des Anstandes und der Reinheit der Gefühle der öffentlichen Sittlichkeit den größten Makel zufügen und zu den herben Urtheilen über die Verderbtheit und Verkommenheit unserer Zeit Veranlassung geben. Ohne hier auf diese Verirrungen weiter einzugehen, muß ich bemerken, daß die kräftigste Gegenwirkung gegen diese in großen Städten sehr bemerkbaren unsittlichen Einflüsse dadurch ausgeübt wird, daß der sittliche Maaßstab der öffentlichen Meinung im Ganzen erhöht, daß den unsittlichen Neigungen überall, wo sie hervortreten — sei es in Worten, in Schriften, in bildlichen Darstellungen oder in Handlungen — die entschiedenste Zurückweisung und Verachtung gezeigt wird, daß der bessere Theil der Gebildeten den Abscheu gegen alles Schlechte und Gemeine offen äußert und alle rohen Elemente aus der Gemeinschaft ausschließt.

Hier hat jeder Einzelne eine besondere Pflicht und bedeutet die Unterlassung derselben eine **Versündigung an dem Geiste unserer Zeit:** Denn an Nichts nimmt der Arbeiterstand mehr Anstoß, durch Nichts wird sein Haß mehr erregt, als durch die frivole und übermüthige Verachtung der Sitte und die freche Verletzung menschlicher Würde.*)

In diesen ethischen Beziehungen liegt der Kernpunkt unserer Frage viel mehr, als in dem äußeren Gegensatze zwischen Armuth und Reichthum, und wenn die sittlichen Grundlagen des menschlichen Verkehrs nicht reformirt werden, die höheren Stände nicht ein Beispiel der Selbstbeherrschung und Gesittung geben, wenn der Egoismus des Erwerbes auf der einen Seite, die rücksichtslose Genußsucht auf der anderen die Oberhand behält, dann werden auch alle Bestrebungen der Wohlthätigkeit Nichts helfen, dann werden Haß und Leidenschaft ihren verderblichen Weg gehen, dann können wir einen Kampf nicht bestehen, der ein gutes Gewissen und eine reine Gesinnung voraussetzt.

So viel ist gewiß: Die Sittlichkeit des Volkes in den unteren Ständen ist völlig abhängig von der Summe der sittlichen Kräfte, die das Volk im Ganzen besitzt; hier besteht eine solidarische Gemeinschaft, hier ist ein gemeinsamer Fluß, dessen Quellen in allen Kreisen, in jedem Hause liegen. Diese Summe sittlicher Kräfte zu mehren, daran muß Jeder mitarbeiten, in jeder Stellung, in jedem Beruf: Hiervon hängt die Zukunft, das Wohl und Wehe der Gesellschaft ab.

Vielfach werden ausschließlich die materiellen Unterschiede und Gegensätze unserer Zeit verantwortlich gemacht für die

---

*) S. die beherzigungswerthen und eindringlichen Ausführungen bei Böhmert „Der Kampf gegen die Unsittlichkeit". Volkswohl-Schriften Heft 1.

Nothstände der Gegenwart: Gewiß üben dieselben einen bedeutenden Einfluß aus, aber sie können wesentlich gemildert werden, wenn der Besitzende, der Reiche sich seiner Verantwortung bewußt ist und nach Maaßstab seiner Mittel beiträgt zur Ausgleichung der Kluft, die ihn von der Armuth trennt: An und für sich ist ein Uebelwollen und Mißtrauen dem Reichthum gegenüber sittlich unberechtigt.

Reichthum hat ungeheuren Werth für ein Land, sofern er Werthe schafft und Werthe umsetzt, hierdurch den Grad des allgemeinen Volkswohlstandes und damit auch des Volkswohls beeinflussend und bestimmend; einen hohen Werth hat auch derjenige Reichthum, der zwar nur dem eigenen Gewinne dient, aber freudig, mit Besonnenheit und Ueberlegung in richtiger Weise verwandt wird zum öffentlichen Wohl, zur Verbesserung der Armen- und Krankenpflege und zur sittlichen Hebung des Volkes, namentlich auch durch Betheiligung an der schwierigen Wohnungsfrage der Arbeiter.

Reichthum ohne Würde, ohne Tugenden, wird leicht verächtlich, um so mehr, wenn er aus unreinen Quellen fließt: Es kommt Alles auf die Verwendung der irdischen Güter an; je mehr Egoismus und Engherzigkeit mit dem Besitze verbunden sind, um so schädlicher wirkt er. Ein solcher Reichthum ohne Selbstachtung führt häufig in der zweiten Generation zur Verschwendung und berufsmäßigem Müßiggang, in der dritten zur Entartung der Nachkommenschaft und fällt so in sich selbst zusammen.

Reichthum mit Habsucht und Geiz verbunden straft sich an dem Besitzer sicher durch ein einsames Alter und einen trostlosen Tod.

Junger Reichthum ist gefährlicher als alter Familienbesitz, in dem meist durch lange Ueberlieferung der Grundsatz herrschend geworden ist: „Reichthum verpflichtet."

Reichthum an sich hat daher einen geringen Werth; Achtung erwirbt er nur, sofern er Gutes schafft. Es ist also geradezu eine Nothwendigkeit, nicht nur eine sittliche Pflicht, daß der Reiche sich in der ausgiebigsten Weise an den allgemeinen Wohlfahrts-Bestrebungen betheiligt; denn nur so kann er eine Ruhe des Gemüthes und einen Frieden davontragen, der denjenigen fliehen muß, der im Ueberflusse lebt, wo Tausende darben und an Leib und Seele zu Grunde gehen. Alle Schuld rächt sich auf Erden und jede edle That findet schon hienieden ihren Lohn. Für Jeden kommt eine Zeit und sei es die letzte Stunde, in der ihm Reichthum und Besitz, Genuß und Lebensfreude völlig verschwinden vor der ernsten Frage: Was hast du Edles, Gutes und Dauerndes in deinem Leben gewirkt? und wohl dem Menschen, der wenigstens vorübergehend an den Ernst dieses Augenblickes denkt.

Es ist erklärlich, daß die erste und unmittelbarste Fürsorge für Hülfsbedürftige den Arbeitgebern zufallen muß und habe ich mehr als einmal Gelegenheit gehabt, bedeutende Leistungen anzuerkennen, die von dieser Seite hervortreten: Es macht sich — zur Ehre der Arbeitgeber muß es gesagt werden — eine edle Auffassung ihrer Pflichten für das leibliche und sittliche Wohl der Arbeiter mehr und mehr geltend. Wenn ich den Namen Krupp an dieser Stelle hervorhebe, so geschieht es, um ein Muster großartiger humaner Leistungen auf deutschem Boden zu kennzeichnen.

Wer aber der Armenbevölkerung ferne steht, ihre Noth nicht sieht, durch ihre sittlichen Schäden nicht unmittelbar berührt wird, der legt oft einen viel zu geringen Maaßstab an die Größe des Bedürfnisses und müßte hier namentlich der wirthschaftlich unfruchtbare, vielfach sich verbergende Reichthum mächtiger hervortreten. Wer mit einem sehr geringen Theile des irdischen Gutes sich von der Forderung der Wohlthätigkeit loskauft, ein wirkliches Opfer aber nicht kennt, der beraubt sich im Grunde selbst der kostbarsten Lebensfreude, die in dem Geben, in dem Wohlthun liegt, der nimmt nicht Theil an dem

Segen der Liebesthat: denn nur wer Liebe säet, wird Liebe ernten. —

Eine geradezu unbegreifliche Erscheinung, die nur aus der Macht der Gewohnheit oder aus einer krankhaften Neigung erklärt werden kann, liegt in der schrankenlosen Sucht nach Vermehrung des Eigenthums bis in das höchste Alter hinein, als gälte das größeste menschliche Streben nur dem einen Ziele, möglichst viele Reichthümer zu hinterlassen oder als wenn hinter diesem Leben noch ein zweites läge, in dem Besitz überhaupt eine Bedeutung hätte. So leben viele Bedauernswerthe nur egoistischen Zwecken, an Statt unvergängliche Güter zu sammeln und dem Lebensende durch edle Handlungen und reine Gedanken einen harmonischen Abschluß zu geben.

Nicht nur der Besitz: **Jeder Beruf, jede Stellung** legt in unserer Zeit allgemeine Pflichten auf; über die sittlichen Anforderungen, die an den ärztlichen Beruf gestellt werden müssen, habe ich mich schon in einem früheren Abschnitte meiner Arbeit ausgesprochen; gewaltig sind die Pflichten, die dem **geistlichen Stande** zufallen: Mit reinem Herzen und vollem Bewußtsein der Verantwortlichkeit seiner Stellung darf der Geistliche keine Mühe scheuen und kein Opfer, um sich in der Schule des Lebens zu bewähren und Allen ein Vorbild zu sein in menschenfreundlichem Handeln und liebevoller Fürsorge für die Armen und Bedürftigen; mehr wie anderswo kommt hier die Macht der sittlichen Persönlichkeit zur Geltung und kann ich es mir nicht versagen, hier auf das Beispiel eines edlen Mannes, des leider so früh verstorbenen Beyschlag*) hinzuweisen, der, selbst erfüllt von dem Vorbilde seines Lehrers, des ehrwürdigen Nitzsch, in seinem kurzen von Liebe und aufopferndem Handeln durchdrungenen Leben das höchste Ziel und die Vollendung geistlicher Wirksamkeit erreichte.

---

*) s. Beyschlag, „aus dem Leben eines Frühvollendeten, des ev. Pfarrers Franz Beyschlag. Herausgegeben von seinem Bruder. 2 Bde. Halle bei Strien.

Der Einfluß einer solchen sittlichen Persönlichkeit ist unermeßlich und geht weit über das Grab hinaus; hier kann man in Wahrheit sagen: „Sie ruhen von ihrer Arbeit und ihre Werke folgen ihnen nach." Es sind dies begnadigte Naturen, in denen hohes ideales Streben mit innerer Harmonie und Selbstlosigkeit verbunden ist. Wenn mir bei diesen Worten das Bild eines theuren, väterlichen Freundes vor die Seele tritt, der noch unter uns weilt, wenn ich an die ehrwürdigen und doch heiteren Züge des milden, edlen Antlitzes denke, wenn mir das Liebe athmende Wesen des Mannes zum Bewußtsein kommt, der nur Frieden kannte und Versöhnung, der seine Gemeinde auf betendem Herzen trug wie ein von Gott anvertrautes Pfand, so weiß ich wahrlich die Bedeutung einer sittlichen Persönlichkeit zu schätzen und bedauere nur, daß so Wenigen dieses weihevolle Geschenk des Himmels zu Theil wird.

Verschieden vertheilt die Natur ihre Gaben: Der Eine schwingt sich empor zu dem reinen Aether der Wahrheit, der Andere zum Lichte der Offenbarung und des Glaubens; doch wir können Alle unsere Pflicht thun und es ist kein Stand, kein Amt, in dem nicht eine Arbeit für die Gesammtheit geleistet werden könnte.

Der Richter kann durch die Art seiner Rechtsprechung und durch seine Persönlichkeit auf die sittliche Bildung des Volkes einen ganz hervorragenden Einfluß ausüben, der Verwaltungsbeamte durch die humane und unparteiische Anwendung der Rechts-Ordnungen auf die Lebensformen und Lebensverhältnisse der Armen, sowie durch Geltendmachung kräftiger und edler Grundsätze in der Ausbildung der Gemeinschaft und Befestigung des Friedens in Gemeinde und Staat.

Eine große Verantwortung fällt dem Lehrerstande zu; ich habe schon oben das Verhältniß der Familie zur Schule angedeutet und hervorgehoben, daß man der Schule nicht eine zu große Aufgabe übertragen darf: Auch die Schule ist ebenso

abhängig von dem allgemeinen Geiste der Bildung und Sittlich=
keit, wie sie denselben beeinflußt; ohne Unterstützung der Fa=
milie und der Gesellschaft erhält eine solche Wechselwirkung
Lücken, die die Schule einseitig nicht ausfüllen kann und es ist
unbillig, dieselbe verantwortlich zu machen für die realistische
Richtung unserer Zeit, die in den allgemeinen Verhältnissen
unseres Volkslebens begründet ist und durch eine mächtige
literarische Strömung unterstützt wird.

Die Bedeutung der Schule für die Sittlichkeit des
Volkes ist ja nicht hoch genug anzuschlagen und möchte ich,
ohne die Verhältnisse zu berühren, die noch vor Kurzem Gegen=
stand ernster Berathung waren, nur hervorheben, daß der rechte
Lehrer überall dem Guten, Edlen und Wahren Anerkennung
verschaffen kann, wenn die Vorbedingungen erfüllt sind, d. h.
wenn durch die Familie Ideale gepflegt und erhalten werden.
Hier kommt auch wieder die sittliche Persönlichkeit des Lehrers
zur Geltung und den tieferen Motiven gegenüber ist es wohl
ein vergebliches Bemühen, die Erweckung von Idealen von der
äußeren Organisation der Schule abhängig zu machen; der
rechte Lehrer versteht es, auch in der einfachsten
Schule sittlichen Gefühlen und großen Gesichtspunkten
Eingang zu verschaffen. Auf den Geist kommt es an, nicht
auf die Form, nicht nur auf den Unterricht, sondern auch auf die
Beziehungen der Schule zu den höchsten Aufgaben des Lebens.*)

Sollen edlere Grundsätze in unserer Lebensführung die
Oberhand behalten und die öffentliche Meinung beherrschen, so
müssen wir uns nicht allein an die Schule, sondern auch an
die deutschen Schriftsteller wenden. Diese haben in
unserer Zeit eine besondere Kulturaufgabe zu erfüllen und es
ist dem einfachen Gemüthe geradezu unbegreiflich, wie in unserer
ernsten Lage noch vielfach Grundsätze zur Anwendung kommen,

---

*) s. hierüber die Abhandlung von Direktor Dr. R. W. Meyer über
„die Pflege des Idealen auf unseren höheren Schulen." Berlin 1884.

die einer frivolen Auffassung des Lebens im Großen und Kleinen Vorschub leisten, ja positiv unsittlichen Anschauungen Nahrung gewähren. Nach meiner Ansicht sollte sich unsere Literatur in Idealen bewegen, nicht in den realen Zuständen der Gegenwart, die sich uns, leider oft in unschöner Form, täglich und stündlich von selbst aufdrängen. Das Gute und Schöne, Wahrheit, Recht und Freiheit, Freundschaft und Vaterlandsliebe, die Treue im Beruf und in der Arbeit, das Pflichtgefühl und die Ehrfurcht müßten die Grundlagen der freien Geistesschöpfung bilden, gestützt und getragen durch den großen Kreislauf des Lebens in der Geschichte der Völker und in der Natur.

Mäßigung in allen Lebensformen, Mäßigung auch in den dichterischen und künstlerischen Darstellungen ist in Zeiten der leidenschaftlichen Erregung eine Pflicht, der sich auch der freieste Geist nicht entziehen kann.

Es ist nicht möglich, in den Grenzen meiner Arbeit alle die Verhältnisse und ethischen Beziehungen zur Geltung zu bringen, die im Stande sind, die innere Kraft unseres Volkes zu stählen; so viel geht aber aus meiner Darstellung hervor, daß wir noch in keiner Weise eine volle Entwicklung unserer Kräfte erzielt haben: Viel zu thun bleibt hier noch übrig, Vieles wird gar nicht erreicht werden. Wenn auch die Sehnsucht nach den Idealen unerfüllt bleibt, so können wir doch hoffen, daß sich die tüchtigen Elemente in unserem Volke sammeln und mit Besonnenheit und Plan in die Reihen derjenigen rücken werden, die bereits in den Kampf gegen Noth und Unsittlichkeit eingetreten sind, daß sie sich anschließen an den großen Organismus der Hülfe, wie er durch Kirche und Humanität geboten wird. Je fester und entschiedener dann eine solche Gemeinde dasteht, rein in ihren Entschlüssen und in ihren Zielen, um so mehr wird sie Einfluß gewinnen nicht nur auf die Noth, sondern auf die ganze sittliche Bildung unserer Zeit.

Es muß wohl in der göttlichen Weltordnung begründet sein, daß ewiger Kampf, stete Unruhe und Sorgen das Leben der Staaten und Völker bestimmen; verleihen aber Kampf und Opfer einem Volke Festigkeit und Dauer, so muß man das Unvermeidliche ertragen und alle sittlichen Kräfte sammeln, die ja dem deutschen Volke nie ganz gefehlt haben.

„Wenn in den großen Erschütterungen Tendenzen allgemeiner Destruction gleichsam mit Nothwendigkeit zu Tage kommen, so pflegen sie auch Kräfte hervorzubringen, die denselben zu widerstehen vermögen." Wenden wir diesen Erfahrungssatz, den Leopold von Ranke*) aus einer der furchtbarsten Perioden der englischen Geschichte ableitet, auf unsere Zeit an, so geht aus jeder Seite meiner Darstellung hervor, daß diese Kraft, die im Stande ist, die Noth unserer Zeit zu überwinden, nur die Liebe sein kann, die reine wahre Menschenliebe.

Wir haben erkannt, daß die Liebe nicht nur die milde Hand öffnet, Wohlthaten auszustreuen, daß sie nicht nur Hungrige speist, Durstige tränkt, Fremde beherbergt, Kranke und Gefangene besucht, sondern daß sie auch unsere ganze Lebensführung beeinflußt, unsere Kräfte veredelt, uns zur Demuth stimmt und zur freiwilligen Entsagung. Denn nur indem wir uns selbst erniedrigen, können wir uns den Armen nähern, nur, indem wir sie zu uns emporziehen, können wir ihnen dauernd helfen.

Die Liebe giebt uns Kraft und Stärke in dem Kampfe mit dem Elende der Zeit, sie gewährt Muth und Ausdauer, sie hoffet Alles und duldet Alles, bis sie eingedrungen ist in die bekümmerten Seelen der Armen und das Evangelium verkündet: „Kommet her zu mir Alle, die Ihr mühselig und beladen seid, ich will Euch erquicken." Durch die Liebe geht der Weg zu den bedrängten Herzen; sie allein streut als

---

*) Englische Geschichte. 3. Aufl., Bd. IV, S. 21.

schönste Frucht des Wohlthuns neuen Samen der Sittlichkeit und der Religion aus.

Die Liebe ist es, die endlich den Haß überwindet und die dereinst die Verheißung erfüllen wird: „Frieden auf Erden."

In dieser Hoffnung wollen wir uns aufraffen mit alter Kraft und deutscher Treue, wollen einig sein im Guten, reiner, freier und besser werden: Denn nur auf dem Boden edler, uneigennütziger Menschlichkeit kann die Liebe gedeihen und ihre heiligende Macht entfalten, wie unser E. Curtius so ausdrucksvoll sagt: „Alles in der Sünde und Selbstsucht Unternommene ist vergänglich. Was in aufrichtiger Hingebung für menschliches Wohl gewirkt ist, trägt unvergänglichen Samen in sich und die Liebe folgt ihr."

Hat die Liebe einmal Wurzel geschlagen in treuer, redlicher Arbeit im Dienste der Menschheit, so durchbringt sie dieselbe mit ihrer Kraft und Wärme, giebt ihr die rechte Weihe, Dauer und festen Bestand.

So schließe ich meine Ausführungen, indem ich auf die Verherrlichung der Liebe 1. Corinther 13 hinweise, auf dieses erhabene Kapitel des Neuen Testamentes, welches nächst der Bergpredigt in Beeinflussung christlicher Grundsätze und Prüfung der innersten Beweggründe die weitgehendste Bedeutung für das christliche Leben gewonnen hat.

Wird auch das ganze bürgerliche Leben in Familie, Gemeinde und Staat durch die Liebe beeinflußt: im Dienste der Wohlthätigkeit ist sie Ausgang und Eingang, Anfang und Ende; hier vereinigt sich Christenthum mit der Humanität, hier klingen alle Sorgen, alle Mißverständnisse und Zweifel aus in der ewigen Zuversicht:

„Glaube bleibet, Hoffnung, Liebe,
Doch die Liebe
Ist die größte aller; Liebe nur weicht nicht."

schönste Frucht des Wohlthuns neuen Samen der Sittlichkeit und der Religion aus.

Die Liebe ist es, die endlich den Haß überwindet und die dereinst die Verheißung erfüllen wird: „**Frieden auf Erden.**"

In dieser Hoffnung wollen wir uns aufraffen mit alter Kraft und deutscher Treue, wollen einig sein im Guten, reiner, freier und besser werden: Denn nur auf dem Boden edler, uneigennütziger Menschlichkeit kann die Liebe gedeihen und ihre heiligende Macht entfalten, wie unser E. Curtius so ausdrucksvoll sagt: „Alles in der Sünde und Selbstsucht Unternommene ist vergänglich. Was in aufrichtiger Hingebung für menschliches Wohl gewirkt ist, trägt unvergänglichen Samen in sich und die Liebe folgt ihr."

Hat die Liebe einmal Wurzel geschlagen in treuer, redlicher Arbeit im Dienste der Menschheit, so durchbringt sie dieselbe mit ihrer Kraft und Wärme, giebt ihr die rechte Weihe, Dauer und festen Bestand.

So schließe ich meine Ausführungen, indem ich auf die Verherrlichung der Liebe 1. Corinther 13 hinweise, auf dieses erhabene Kapitel des Neuen Testamentes, welches nächst der Bergpredigt in Beeinflussung christlicher Grundsätze und Prüfung der innersten Beweggründe die weitgehendste Bedeutung für das christliche Leben gewonnen hat.

Wird auch das ganze bürgerliche Leben in Familie, Gemeinde und Staat durch die Liebe beeinflußt: im Dienste der Wohlthätigkeit ist sie Ausgang und Eingang, Anfang und Ende; hier vereinigt sich Christenthum mit der Humanität, hier klingen alle Sorgen, alle Mißverständnisse und Zweifel aus in der ewigen Zuversicht:

„Glaube bleibet, Hoffnung, Liebe,
Doch die Liebe
Ist die größte aller; Liebe nur weichet nicht."